Gabriel Pichon

# Mission Inachevee

éditions du Tricorne

14, rue Lissignol, 1201 Genève
www.tricorne.org
Graphisme : Philippe Vallier, Dune
isbn 2-8293-0284-2

Les personnes citées ci-dessous sont mortes pour la paix, elles ont donné leurs vies pour une cause noble.

Ne les oublions pas, prions pour elles.

On ne peut souhaiter à personne une telle mort, une traître mort comme en ce jour du 19 août 2003. Quoi que nous fassions, l'homme aura toujours dans le cœur une forme de démesure. Certains fanatiques portent en eux leurs bagnes, leurs crimes et leurs ravages. Ils s'imposent le devoir de les déchaîner à travers le monde. Il est de notre devoir de les combattre pour nous-mêmes et tous les autres. La révolte, la séculaire volonté de ne pas subir dont parlait Barrès, aujourd'hui encore, est au cœur même de ce combat. Mère des formes, source de vraie vie, elle nous maintient toujours debout dans le mouvement informe et furieux de l'histoire.

Sergio Vieira de Mello
Nadia Younes
Jean- Selim Kanaan
Fiona Watson
Martha Teas
Alya Sousa
Emaad Ahmed Salman
Khidir Saleem Sahir
Manuel Martin
Ihssan Taha Hussein
Christopher Klein-Beekman
Reza Hosseini
Richard Hooper
Arthur Helton
Gillian Clark
Ranilo Buenaventura
Mahmoud u Taiwi Basim
Leen Assad Al Qadi
Omar Kahtan Mohamed Al Orfali
Raid Shaker Mustafa Al Mahdawi
Reham Al-Farra
Saad Hermuz Abon

# Mission inachevée

Ce livre est dédié aux 22 morts qui sont partis d'une mort injuste et injustifiable. Aux 127 blessés qui par cet acte barbare seront à tout jamais meurtris dans leur chair. Eux qui sont venus en soldats de la paix pour aider le peuple irakien.

Je le dédie également à ma femme et à mes enfants pour tout le soutien moral et psychologique qu'ils m'ont apporté.

Á Romain Baron, mon véritable ami - pour qui l'honneur est un devoir - homme d'esprit, de courage et de bon sens.

Aux collègues qui étaient présents à l'aéroport de Genève pour mon retour, M. Juppin De Fondaumière, M. Abdel Aziz, le Capitaine Janick Mangin, Capitaine Olivier Bruyère, le Lieutenant Christophe Gaillard, Olivier Jaguenaud, Stéphane Folliat, Christian Diot, Alain Chergui, Carole Ray, Jonathan Prentice, Vassiliki Krapsiki. Aux amis et collègues qui ont pris de mes nouvelles des quatre coins du monde.

Pour conclure, je remercie très chaleureusement son Excellence M. Kofi Annan, Secrétaire Général des Nations Unies, son assistante Madame Elizabeth Lindenmayer et le Directeur Général du Palais des Nations M. Sergueï Ordzhonikidze pour le soutien moral qu'ils m'ont apporté afin que je surmonte cette période de la vie difficile à gérer.

Pour Annie, Adrien et Laurent Vieira de Mello, merci du fond du cœur.

À tout jamais, Sergio restera gravé dans mon cœur.

Gabriel Pichon

# Préface

L'histoire prouve malheureusement que la guerre est dans un certain sens l'état habituel du genre humain : le sang humain doit couler sans interruption sur le globe, ici ou là. La paix pour chaque nation n'est qu'un répit. La guerre est cet acte de violence par lequel une nation cherche à imposer sa volonté à une autre nation.

Donnée permanente de l'histoire humaine, la guerre présente aujourd'hui cette double caractéristique d'être à la fois guerre idéologique et guerre technologique. Sous la bannière d'une cause ou d'un principe, elle mobilise toutes les ressources humaines et techniques. Devant cette menace sans limites, l'humanité n'a plus d'autre alternative que de penser la guerre pour maîtriser celle-ci.

Les peuples se sont-ils battus jusqu'à la mort parce qu'ils se détestaient ou se sont-ils détestés parce qu'ils se battaient furieusement ? Les belligérants se proposaient-ils dès le premier jour des objectifs illimités, ou se sont-ils proposé de tels objectifs au fur et à mesure que la violence s'amplifiait ?

La civilisation vient de parvenir à son dernier degré de barbarie en Irak. On peut se montrer sceptique sur les projets de paix perpétuelle, sur les Hautes Cours Internationales, sur les pactes, les traités, les ligues qui nous ont tant de fois déçus.

Mais on ne peut être sceptique quant à l'urgence d'instituer une étude objective des comportements belliqueux de l'espèce humaine, de leurs aspects, de ce qui les précède et de ce qui les suit. C'est seulement alors que nous pourrons nous bercer de l'espoir d'atténuer les guerres.

Car un instinct n'est aveugle que s'il est inconscient.

Un phénomène n'est inéluctable que s'il est inconnu. Élucider, c'est exorciser.

Je suis né un 4 juin 1958, dans le petit village de la Loire de Saint Just /St Rambert, proche de St Etienne, au 22 rue de la Marine. C'était un quartier défavorisé où régnait la loi de la rue, cette loi, qui est aussi vieille que l'homme et qui s'appelle la loi du Talion. Un de ses maîtres mots est la vengeance, ce châtiment qui sanctionne sans prévenir. C'est une réponse quasi arithmétique que fait la société à celui qui enfreint sa loi primordiale. Qui m'a fait mal doit avoir mal, qui m'a crevé un oeil doit devenir borgne; qui a tué doit mourir! C'est la justice des injustes. Il s'agit d'un sentiment, particulièrement violent, non d'un principe. Le Talion est de l'ordre de la nature et de l'instinct, mais pas de la loi. La loi qui, par définition, ne peut obéir aux mêmes règles que la nature.

Si le meurtre est dans la nature de l'Homme, la loi n'est pas faite pour imiter ou reproduire cette nature. Elle est faite pour la corriger. Or, le Talion se borne à ratifier et à donner force de loi à un pur mouvement de la nature. Nous avons tous connu ce mouvement, souvent source de honte, et nous connaissons sa puissance.

Il m'est arrivé, lorsque j'avais 16 ans, de me faire gratter le nombril avec un couteau attaché autour d'un arbre.

Des bandes organisées ratissaient la région et nous devions bien souvent nous affronter. Ces bandes avaient toutes des surnoms de quartiers mais les plus redoutées étaient côte chaude et Mogara. L'un de leurs chefs s'était fait tatouer un fer à cheval entre les pectoraux. Nous étions trois à les combattre : l'un s'appelait Cartouche, l'autre la guêpe et moi, j'avais gardé mon prénom. Il nous est déjà arrivé de finir à poil à la gendarmerie, un soir de bagarre de quartier. Là-bas, tous les sévices étaient autorisés : l'un d'eux consistait à devoir mettre notre index parterre et tourner autour de celui-ci. Les gendarmes et le garde-champêtre du quartier étaient installés autour de nous et, chaque fois que nos fesses passaient devant eux, ils nous envoyaient un coup de pied. Prendre une chaise et une règle en fer afin de tenir en équilibre le plus longtemps possible en était un autre. Chaque fois que nous posions les pieds parterre, nous ramassions une raclée. L'humiliation était totale et aucun secours ne venait de l'extérieur.

Pour moi, il était clair dans ma tête que je devais combattre cet état d'esprit et me mettre au service de la loi. Moi, qui à l'école était le protecteur des plus petits et qui venait au secours des plus démunis. Pourtant, rien ne me prédestinait à une carrière dans la protection rapprochée de personnalités.

Voici comment j'en suis arrivé à risquer ma vie et à aider les gens aux quatre coins du monde :

Vers 17ans, il était important pour moi de choisir la tournure que j'allais donner à mon avenir. Je désirais une carrière faite de discipline, où les vraies valeurs sont respectées, à savoir la Justice la Liberté et la Responsabilité. Je voulais partager mes valeurs républicaines mais également y ajouter celle de la Solidarité.

En 1976, pour mes 18 ans, j'ai décidé de quitter mon quartier pour donner une dimension plus importante à ma vie. Je me suis engagé dans l'armée pour une période de 5 ans, dans un régiment semi disciplinaire stationné à Castres. Je me souviens des pleurs de ma mère qui ne comprenait ma décision.

Dans cette école militaire où la vie est basée sur la discipline, le respect et l'esprit d'équipe, j'allais être formé aux dures choses de la vie. Le mental et le physique, voilà les armes qui allaient me faire devenir un guerrier prêt à tout pour sauver le monde.

Après six mois de formation difficile, ma première mission fut le Gabon en 1977, qui dura six mois. L'Afrique, ce berceau de l'humanité, terre longtemps synonyme de colonisation et longtemps isolée du monde. J'ai visité ce pays avec passion: de ses lagunes atlantiques aux exploitations forestières, en passant par la remontée du fleuve Ngouinié jusqu'à Lambaréné pour visiter le dispensaire du docteur Schweitzer. Ce dispensaire qui soignait la lèpre et la malaria, loin de toute civilisation.

En 1978, étant parachutiste depuis déjà deux ans, j'allai échanger mon béret rouge contre un bleu pour une mission de l'ONU. J'allai devenir un Soldat de la Paix et servir une cause juste et noble.

De l'Afrique, je passai alors au Proche-Orient afin de connaître une autre civilisation. Beyrouth, la Suisse du Proche-Orient, qui possédait l'originalité d'être un état pluriconfessionnel, était pilonnée par la guerre civile depuis 1975. Les milices armées y régnaient sans partage et passaient la frontière pour commettre des attentats du côté israélien Les enfants manipulaient une kalachnikov comme nos enfants manipulent un jeu d'ordinateur.

J'étais stationné dans un petit village au sud du Liban appelé Yatar, à une vingtaine de Km de Naquoura. Ce pays allait me marquer à tout jamais, car j'y fis mon baptême du feu: un jour, nous étions sous des oliviers pour nous protéger du soleil quand, à la radio, nous avons reçu un message disant qu'un groupe d'hommes sans armes montait sur notre position. Immédiatement, nous nous sommes mis en position de combat. Dans les jumelles, rien ne laissait penser que ce groupe d'hommes venait détruire des AML de 60 et 90 de l'armée française sous drapeau ONU. Nous étions à 300 mètres d'eux quand, soudain, ils sortirent des RPG lance-roquettes de fabrication russe et des Kalachnikov de sous leur djellaba en direction de notre position. Sachant que nous étions de jeunes recrues, mon chef de groupe, le sergent Dadoune demanda à l'opérateur de fermer la radio.

Pourquoi cet ordre?

Simplement, il voulait nous offrir ce fameux baptême du feu.

J'avais peur, mon cœur s'accélérait, le groupe de miliciens montait en file indienne et armé jusqu'aux dents. Il était proche de nous et je regardais mes camarades en sachant que notre fin arriverait peut-être d'ici quelques minutes. Au moment où le tir fut déclenché, je fus totalement délivré de cette peur. Je tirai sans viser, pris dans l'action. Sept miliciens gisaient au sol, l'effet de surprise fut total. L'un était blessé et un autre, valide, s'était réfugié dans une mechta que nous étions prêts à pulvériser avec notre lance-roquette. Mais, voir des enfants jouer autour de celle-ci évita que cette action meurtrière ne se termine.

Le soir de cette même journée, je m'enivrai pour oublier, m'aider à me sentir plus fort et soutenir mes camarades.

Les missions s'enchaînaient sans le moindre repos. Du Moyen-Orient, je repartis en Afrique, au Tchad. Ce pays était coupé en deux par la rébellion des insurgés du Nord. Deux chefs militaires voulaient le pouvoir; l'un, Hissène Habré et l'autre, Goukouni Oueddeï.

Je me rappelle qu'un soir, les deux armées se sont affrontées dans N'Djamena[1], la capitale Tchadienne. Nous avions interdiction d'intervenir et nous étions là, à attendre qu'ils se massacrent entre eux. Toute la nuit, les tirs furent sans relâche et, le matin, nous avions ordre de faire des patrouilles dans la ville. Notre mission était de ramasser les cadavres et de les enterrer dans une fosse pour éviter les maladies. Les chiens errants en profitaient pour se nourrir, ce qui nous poussa à utiliser nos armes pour les écarter, voire les tuer.

La nuit, nous étions obligés de poster des sentinelles autour de la fosse car leurs frères venaient les déterrer pour leur voler le moindre vêtement ou bijou.

Ce pays était un casse-tête économique et politique. La

[1] Ancienne ville de Fort Lami

population subissait une forte inflation due à une écrasante dépense militaire. A cette époque, la dette extérieure avoisinait les 200 millions de dollars.

Pendant ce temps, les relations entre la France et la République Centrafricaine se dégradaient. Une nuit, l'alerte fut donnée, les ordres arrivèrent de Paris. Nous devions prendre par la force la République Centrafricaine dirigée par Jean Bedel Bokassa et mettre en place le nouveau Président Dacko. Nous devions sauter sur Bangui, la capitale, et y prendre tous les points stratégiques.

Du Tchad, nous sommes donc repartis pour un autre pays africain. Pour la France, ce pays était un lieu hautement stratégique sur l'échiquier africain. Nous allions détrôner un ancien Capitaine de l'armée française et son régime ubuesque et répressif pour restaurer l'autorité de son prédécesseur. C'était à ne plus rien comprendre mais, les ordres sont les ordres.

Il était 3 heures du matin quand des avions de type transall approchèrent l'aéroport. Les portes de l'avion étaient ouvertes et, au-dessous de nous, la capitale Bangui encore toute allumée. Dans l'avion, un contre-ordre: nous ne sautions plus sur Bangui mais nous devions effectuer un poser d'assaut sur l'aéroport. La piste de l'aéroport était éteinte mais, pour des pilotes chevronnés, ce n'était pas un problème. L'avion commençait à descendre quand la queue de l'avion s'ouvrit afin de nous faire débarquer le plus rapidement possible. Les pneus de l'avion venaient de toucher le goudron. Sur 300 mètres, les pilotes freinaient au maximum avec les turbines en arrière. Immédiatement, nous sommes sortis de l'avion par petits groupes afin de prendre tous les points stratégiques de la ville. La première action fut de prendre l'aéroport pour que les futurs avions puissent atterrir sans encombre. Il n'y avait aucune résistance de la part de l'armée centrafricaine. Après avoir récupéré des véhicules civils, nous avons pris le palais de Jean Bedel Bokassa, la maison de Catherine Bokassa, la maison de la radio, où le Président Dako énonça son discours de renversement de régime. Les différentes casernes furent prises avec une facilité étonnante.

La ville était déserte, sans vie. La population, par peur, s'était réfugiée en brousse. La situation était complètement surréaliste, car nous pouvions prendre de l'essence gratuitement, les bars étaient vides, la ville était ouverte à tous les abus. Certains militaires ne se génèrent pas pour vider leur sac contenant des effets militaires et s'approprier des objets de valeur. Du plus gradé au plus petit, tout le monde se servait. Je me souviens que même les défenses d'éléphants trouvées dans le palais de Bokassa étaient sciées en plusieurs morceaux pour être emmenées en métropole. Tout ce qui était doré et brillant était soigneusement rangé dans des sacs militaires. Pendant trois jours, avant que les autorités militaires françaises n'arrivent, cela n'a pas cessé.

Les Africains, sachant que nous étions Français, sont revenus en ville et le pillage fut d'une violence inouïe. Nous sommes sortis de la ville afin de faire des contrôles sur les routes, d'arrêter et d'obliger les Centrafricains à restituer les objets volés. A côté de moi, l'un de mes collègues avait les poches du treillis pleines à craquer. Je lui demandai ce qu'il avait dans les poches. Il me répondit que c'étaient des CFA, la monnaie locale!

- Mais tu as pris cela où?

- Ecoute, j'ai fait la caisse de l'aéroport et j'en ai autant dans mon sac!Je suis venu ici pour prendre ma retraite anticipée.

Je suis parti en lui disant:

- Es-tu fou mon ami?

*De plus en plus, je me rendais compte que mon idéal ne se trouvait pas dans le pillage. Les intentions que j'avais de quitter l'armée m'obsédaient. Il fallait que je trouve un moyen d'en sortir le plus rapidement possible.

Après cette opération, je suis rentré en France et le régiment me proposa un séjour de 2 ans à la Réunion pour décompresser. Mon engagement de 5 ans prenait fin, je devais donc re-signer pour partir dans l'océan indien. Pouvoir repartir m'incita à me réengager pour trois années supplémentaires. Je savais que, pour moi, c'était les dernières années où je pourrais porter le béret rouge, symbole des parachutistes.

Mes deux années se sont passées agréablement et je suis rentré en 1983 pour préparer ma reconversion dans la vie civile. Pendant un an, j'ai préparé un diplôme d'état de maître Nageur-Sauveteur et j'eus l'occasion d'exercer ce métier pendant deux saisons. Mais cela ne me convenait pas. En 1986, les attentats terroristes à Paris par les extrémistes d'Action Directe faisaient rage.

Nous  étions des professionnels avec une grande expérience des missions sous stress. C'est pour cela qu'à la sortie de notre caserne, il y avait toujours des personnes pour vous proposer un travail bizarre ou malsain. Par exemple, j'aurais pu devenir mercenaire. Pour cela, j'aurais dû me rendre à Londres ou Bruxelles avec des missions bien précises. D'autres me proposèrent d'effectuer du recouvrement d'argent. D'ailleurs c'est un drôle de métier que celui-ci. Le travail consistait à aller chez des gens qui devaient de l'argent à leur employeur et exercer des pressions sur leur famille, voire plus. C'était vraiment pas fait pour moi.

Mon pote Michel Klein, qui habitait Paris, savait que j'étais à la recherche d'un travail. Après un coup de téléphone de sa part, je suis parti à Paris pour assurer la sécurité de personnalités. Il y avait deux entreprises de sécurité qui travaillaient fort sur Paris à cette époque. L'une se nommait Century et l'autre Ko International. Un ancien de mes collègues du 8ème RPIMA travaillait à la Century, je choisis donc de travailler avec lui. J'ai été embauché comme videur de boîtes de nuit branchées pour me tester et savoir ce que je valais. Un autre univers s'ouvrait à moi, celui des folles nuits parisiennes, de la jet-set et des palaces. Après quelques mois très concluants, je fis quelques missions de routine. Une chose était bizarre, nous n'étions pas des policiers mais toutes les voitures de l'entreprise, des Renault 25 à cette époque, étaient équipées de gyrophares. Il nous est arrivé de traverser Paris avec sirène et gyrophare pour emmener une star qui était en retard à l'aéroport.

J'avais la possibilité de travailler dans deux domaines différents: le show business ou le milieu industriel. J'ai commencé dans le show-business pour pouvoir être près des stars de la chanson et du cinéma. Cela pouvait me permettre de connaître ce milieu.

Ma première protection rapprochée fut celle d'un marchand de biens, un milliardaire n'ayant pas le physique d'un Apollon. Mais quand vous avez beaucoup d'argent, dans ce milieu, vous avez des parasites qui s'accrochent sans cesse à vous au moment de sortir. Il avait autour de lui un rabatteur, un ancien joueur de tennis qui, par son physique et l'intermédiaire de son ami qui avait une agence de mannequins, lui ramenait de jolies filles dans son hôtel particulier.

Je me souviens qu'un jour, il lui a donné 100'000 francs pour pouvoir passer un long week-end à Venise. Son hôtel particulier dans le 7ème arrondissement, près de la Tour Eiffel était somptueux. Sa villa dans les parcs de St-Tropez, grandiose. Tout ce luxe pour recevoir le gratin à des soirées «hot», avec des filles à faire rêver. Bien souvent, j'aurai pu profiter de ces filles et de bien d'autres choses...

Un jour, je suis rentré dans une pièce et deux filles mineures, venues à Paris pour faire une école de mannequin sniffaient de la cocaïne. Presque toutes ces filles venaient à Paris avec une autorisation de leurs parents en raison de leur jeune âge.

Je devais accepter tout cela ou partir. Or, mon idéal de vie n'était pas basé sur des soirées où les gens se droguent, boivent et finissent leur nuit dans les boîtes branchées parisiennes.

A St-Tropez, la vie était identique à la différence que cela se déroulait tous les jours, sans interruption. Je suis parti quelque temps après, las de la jet-set parisienne, pour accompagner un Libanais qui habitait à St Jean Cap Ferrat. La villa qu'il habitait avait appartenu au Roi belge. C'était un alcoolique, un buveur de whisky et, tous les soirs, avec la Rolls Royce, nous allions au casino de Monté Carlo. Je me souviens qu'un soir, il sortit de la villa avec une mallette de marque en cuir noir.

Il me dit:

- Gaby, regardez ce qu'il y a dedans.

Je l'ouvris et, à l'intérieur, il n'y avait que des billets de 100 dollars.

- Maintenant nous allons au Casino de Monte Carlo. Promettez-moi, Gaby, qu'une fois la mallette vide, vous me ramènerez, même si je refuse.

- Promis Monsieur.

La soirée s'est déroulée sur fond de whisky et de dollars en excès. Vers deux heures du matin, je le ramenai complètement ivre et, bien sûr, la mallette était vide.

Drôle de vie que celle de ces gens qui ont de l'argent et qui se détruisent la santé. Jusqu'à présent, toutes les missions de sécurité que j'avais effectuées se passaient dans l'excès de boissons, de drogues et de filles.

Les nouvelles que j'avais de Paris suite aux attentats d'Action Directe allaient me permettre de remonter sur la capitale rapidement. La psychose s'était installée chez les PDG des grosses entreprises.

Je fus embauché par la Société St Gobain, puis par la société Bull Informatique. Je finis mon séjour à Paris en travaillant pour le CNPF, le patronat français. Le travail était très intéressant dans ce domaine. Je ne finissais pas mes nuits dans les boîtes branchées, la lecture de la presse était différente et le niveau intellectuel aussi. Cela me plaisait, mais la vie parisienne non. J'ai donc décidé, dans les années 1990 de mettre un frein à tout cela. Je partis me ressourcer dans les montagnes savoyardes pour prendre le frais et me permettre de faire le point.

Mon frère avait une entreprise de clôtures-portails dans un petit village appelé Arthaz. Mes journées étaient relativement tranquilles. Je jouais au tennis et, de temps en temps, on me proposait quelques petits boulots, de quoi me faire un peu d'argent pour mes loisirs.

Un jour, après une partie de tennis, ma partenaire me demanda ce que je faisais dans la vie. Je lui répondis:

- Je vis de mes rentes!
- Et c'est bien de vivre de ses rentes?
- C'est bien mais on s'ennuie vite!
- Que fais-tu dans la vie?

- Je travaille dans la sécurité.

- Si tu cherches un emploi, ma tante peut te faire rentrer dans la sécurité aux Nations Unies.

Je me suis dit, pourquoi pas, et c'est comme cela que j'ai commencé dans cette grande maison de la paix.

Après une année passée à l'ONU, je suis parti en Irak en 1991

La guerre du Golfe venait de se terminer. L'exode du peuple kurde, la faim et la misère faisaient partie de l'actualité internationale. La situation militaire, politique et économique qui prévalait au Kurdistan irakien ne laissait aucune autre issue que l'exil de ces quelques 3 millions d'habitants. Nous étions stationnés à Suleymanniyeh, à 450 km au nord de Bagdad. Des contingents polonais et tchécoslovaques étaient sous notre supervision. Nous avions des officiers, des sous-officiers et des hommes du rang sous notre commandement. Notre mission consistait à escorter les convois humanitaires jusqu'aux points stratégiques. Les routes étaient dangereuses car les peshmergas – les combattants kurdes - effectuaient des contrôles stricts sur les routes.

Mais plus que tout, c'était la terrible incertitude qui pesait dans la région kurde et la crainte du retour de Saddam Hussein qui poussait les Kurdes irakiens à émigrer.

Ces derniers étaient hantés par le spectre de Halabja - bombardée avec des gaz le 16 mars 1988, désastre qui fit cinq mille morts - et par celui de l'Anfal - terrible campagne d'extermination qui fit 180.000 à 200.000 victimes - hantés par une longue histoire de répression, d'arrestations et de tortures.

Les Kurdes ne pouvaient envisager sans terreur l'éventualité du retour des forces de Saddam Hussein dans leur région. Je suis passé à Halabja car il y avait un dispensaire du HCR. Les terrains étaient truffés de mines anti-personnel et, bien souvent, les enfants jouaient au football et se retrouvaient à terre une jambe en moins, voire les deux. C'était une situation difficile à gérer psychologiquement si l'on considère l'innocence d'un enfant et la bêtise de l'homme voulant enfouir de telles armes aussi dangereuses pour détruire, anéantir de pauvres gens innocents. Tout ceci m'exaspérait.

Sur la route, dans le secteur irakien, nous pouvions nous rendre compte que l'armée de Saddam n'était pas aussi puissante que l'on voulait bien le dire. Il nous arrivait de voir passer des camions de l'armée irakienne sans pneus et roulant directement sur les jantes. La tension était forte et nous savions que les combattants kurdes se préparaient à une guérilla. Ils voulaient instaurer un moral bas au sein de l'armée irakienne basée dans ce secteur ; au fond, cela serait une guerre d'usure.

Sachant que le soulèvement de mars-avril 1991 du Kurdistan d'Irak au lendemain de la défaite de Saddam Hussein . Toutes les villes kurdes tombèrent aux mains des insurgés. Le pouvoir irakien organisa une riposte massive et sanglante contre le peuple kurde ; traumatisées par le souvenir de l'utilisation d'armes chimiques, plus de deux millions de personnes avaient pris le chemin de l'exode vers l'Iran et la Turquie. C'est pendant cette période que les forces alliées mirent en place une zone de sécurité dans le nord de l'Irak. Celle-ci était destinée à protéger les populations kurdes contre d'éventuelles représailles de la part du pouvoir irakien et à inciter les réfugiés qui avaient passé les frontières à regagner leur pays.

Elles sont rejointes par l'ONU à partir de mai. C'est pour cela que les combattants kurdes préféraient commettre des actions de guérillas, ceci afin d'infliger un maximum de pertes à l'ennemi.

Vers la fin juin, les peshmergas descendirent de leur montagne en vue d'une action punitive dans Suleymanniyeh. Malgré les intenses combats en ville, nous devions aller chercher les différents fonctionnaires des organisations qui étaient en poste dans les quatre coins de la ville. Une évacuation rapide du personnel vers la Turquie était envisagée.

J'étais avec Stéphane Folliat, un collègue de Genève, qui est devenu, par la suite, mon meilleur ami et le parrain de ma fille. Les kalachnikov étaient en action dans la ville et, après avoir pris des risques importants, nous sommes arrivés à regrouper les fonctionnaires dans une maison. La peur se voyait sur leur visage mais ils étaient calme et attendaient nos consignes. Sur le toit de la maison j'étais obligé de faire baisser la tête à Stéphane qui voulait à tout prix voir des scènes de combat. Cette guérilla a duré toute l'après-midi et les cadavres jonchaient la ville. Un camion militaire effectuait la tournée pour les ramasser.

J'ai eu l'occasion de rencontrer les chefs irakiens et iraniens du Kurdistan du côté de Rania, ce petit village à la frontière de l'Iran. Le chef iranien parlait parfaitement le français et une certaine amitié s'installa entre nous. Ils ont voulu m'offrir un présent et m'ont demandé de les suivre. Je suis rentré dans une immense pièce où se trouvaient de multiples armes, de toute nationalité. Je pouvais choisir ce que je voulais, mais je n'avais pas organisé cette visite dans ce but. Je voulais simplement avoir un laissez-passer me permettant de passer tous les contrôles sans aucun problème. Il était plus facile pour eux de me donner des armes qu'un simple petit morceau de papier.

Cette première mission pour les Nations Unies fut difficile pour nous tous mais au combien enrichissante dans tous les domaines !

En 1993, je repartais en Irak mais, cette fois-ci, du côté de la Turquie.

Je pus travailler avec des enquêteurs des Nations Unies

(UNROP) afin de rechercher des biens que l'armée irakienne s'était octroyée pendant leur coup de force au Koweït. Cela allait de la simple montre à la Mercedes, voire plus. Un matin, nous sommes partis très tôt pour nous rendre à la frontière Irak- Iran. Nos informateurs locaux nous signalaient un trafic de voitures de luxe. La route qui devait nous amener vers l'endroit du trafic était sinueuse et dangereuse. Nous étions à 400 mètres du lieu et, en observant à la jumelle, nous pouvions constater que cela représentait un marché très juteux pour les commanditaires. Il y avait que de grosses cylindrées et toutes étaient immatriculées au Koweït. Nous nous sommes rapprochés le plus près possible afin de faire des photos. En aucun cas nous devions intervenir ou nous faire repérer car ces individus étaient prêts à tout pour de l'argent. Vers la fin de ma mission, les inspecteurs renvoyèrent vers le Koweit trois avions cargo 747.

De retour d'Irak, j'ai effectué diverses missions avec le Secrétaire Général de cette époque en Afrique.

En 1994, j'ai été muté au HCR pendant plus de trois années. La chance m'a permis de rencontrer Sergio Vieira de Mello*. Cet homme qui, sans le savoir, allait marquer mon destin à tout jamais.

En 1998, le Palais Wilson devint la maison des Droits de l'homme. Je fus nommé Responsable Adjoint de la Sécurité. Pénétrer dans ce bâtiment, c'était comme dans le film «Titanic». Je sentais que beaucoup de choses s'étaient passées ici. La Société des Nations avait vu le jour dans ce bâtiment.

En septembre 2002, Sergio Viera de Mello fut nommé Haut Commissaire aux Droits de l'homme en remplacement de Mary Robinson.

---

** Pour connaître la vie de Sergio Vieira de Mello, livre « Sergio Vieira de Mello » de G. Gordon-Lennox et A. Stevenson, Editions du Tricorne*

J'étais heureux de revoir cet homme que j'avais connu en 1994 au HCR. Il n'avait pas changé, égal à lui-même. Cet homme qui a consacré sa vie à la promotion et à la protection des droits humains, à celles et à ceux dont la sécurité était menacée et violée.

Durant plus de 33 années passées aux Nations Unies, que ce soit au Haut Commissariat aux Réfugiés ou au Bureau de la Coordination des Affaires Humanitaires (OCHA), en qualité de Représentant Spécial du Secrétaire Général ou de Haut Commissaire aux Droits de l'homme, Sergio s'est dépensé sans compter pour améliorer le bien-être de tous à travers le monde.

Du Pakistan Oriental, lors de la création du Bangladesh, à Chypre, du Mozambique au Liban, de l'Indochine à la région des grands Lacs en Afrique en passant par le Kosovo, Sergio a laissé une trace positive dans la vie des gens pour lesquels et avec lesquels il travaillait. L'action, pour lui, était toujours plus importante que les mots. Pour le guider dans cette action, il croyait profondément à la dignité inhérente à tout être humain, et était profondément choqué chaque fois que celle-ci était violée. Qu'il l'exprime clairement ou non, c'était son attachement à nos droits humains universels qui était le moteur de son action.

Il savait que, si les peuples n'avaient pas la possibilité de participer à la construction de leur propre avenir, ou si cette possibilité leur était niée, c'était leur propre dignité qui était visée, donc leur propre sécurité et celle des autres. C'est au Timor oriental qu'il a le mieux traduit cette vision en aidant, pendant plus de trente mois, le peuple de ce territoire à forger sa destinée et à réaliser sa propre vision de l'indépendance.

Après sa première conférence des Droits de l'homme en tant que Haut Commissaire en mai 2003, Sergio Vieira de Mello invita son personnel le plus proche, ainsi que la sécurité UN ayant participé à cette conférence, à une petite réception organisée au pied levé dans son bureau.

Ce Monsieur avait le style « Mello », bien différent des rigidités diplomatiques. Il était drôle, ironique sans être blessant, chaleureux. Il savait accorder de l'importance à tous, quels que soient leur grad et leurs fonctions dans la curieuse hiérarchie de l'ONU.

Il était l'ami des humbles comme des puissants. Autour de lui s'était constituée une équipe qui, à son appel, partait à la minute pour un pays fracassé, sans même boucler sa valise. Sergio était un vrai Brésilien lorsqu'il se mettait à danser mais il était Français quand il parlait d'amour et de révolution.

Ce soir-là, il me prit à part et me demanda si j'étais prêt à partir en Irak pour une durée de quatre mois, pour assurer sa sécurité personnelle. Comment refuser, à ce héros des temps modernes, ce haut fonctionnaire à l'élégance aussi légendaire que son dévouement à la cause de la paix qui, pendant plus de trente ans, a parcouru le monde pour protéger les populations civiles.

Au mois de février 2003, j'avais effectué un court séjour avec lui au Burundi. Nous allions dans les différents hôtels de la capitale Bujumbura pour y rencontrer les rebelles. Les nouvelles que nous avions de la frontière entre la Tanzanie et le Congo n'étaient pas vraiment bonnes.

Des rebelles passaient la frontière pour commettre des exactions dans des villages burundais. Encore une fois, il sentait qu'il était sur un terrain miné. Mais cet homme de paix n'avait qu'un objectif, les conditions minimum de restauration du droit et des droits dans ce pays implosé.

Le 15 mai, Sergio publia une déclaration dans laquelle il se dit préoccupé : des preuves de violation grave des droits de l'homme commises dans le passé en Irak se perdraient, à moins que des mesures immédiates ne soient prises afin d'en assurer la préservation. Des informations indiquant que des sites de charniers avaient été découverts et altérés, en divers endroits du pays, conféraient un caractère d'urgence à cette question.

Sergio a stipulé également qu'il avait prié le gouvernement des Etats-Unis et les partenaires de la coalition de protéger immédiatement l'intégrité de ces sites de charniers, par des experts médico-légaux indépendants, ce qui était essentiel pour préserver l'intégrité de telles preuves. Toutes les preuves pertinentes concernant ces violations devaient être conservées et mises à la disposition du Rapporteur Spécial du Secrétaire Général et des juridictions qui pourraient être créées, pour traiter des graves violations des droits de l'homme commises par l'ancien régime.

Le 23 mai 2003, officiellement, il fut nommé représentant spécial en Irak. Immédiatement, le branle-bas de combat fut proclamé au Palais Wilson, car le départ était prévu pour le 1er juin. Cette date ne me convenait pas du tout car j'avais divers petits problèmes à résoudre avant de partir. J'ai demandé à Carole Ray, sa secrétaire, si je pouvais le rencontrer. Le rendez-vous fut pris et après avoir expliqué ma situation, Sergio me dit :

-Gaby, je ne veux rien savoir ni connaître vos problèmes, mais je veux vous voir dans un mois à Bagdad, j'ai besoin de vous pour assurer ma sécurité.

En quittant son bureau, je lui ai promis que l'on se verrait dans un mois en territoire irakien.

-Dès que vous êtes prêt, prenez contact avec Jonathan Prentice pour les formalités administratives.

Le 1er juin, toute son équipe était fin prête pour cette mission qui allait tourner au drame ce 19 août 2003 à 16h00. Il voulait, fort de ses expériences au Mozambique, au Timor, ou au Kosovo, que le peuple irakien se gouverne lui-même au plus vite.

Il pensait que quatre mois seraient suffisants pour mettre en place un gouvernement transitoire et laisser à son remplaçant toutes les cartes pour que les Nations Unies mènent leur mission à bien. Il se sentait coupable de partir, car il venait tout juste d'être nommé aux Droits de l'homme. Laisser son personnel aussi longtemps sans lui ne correspondait pas à son image.

Mais, ami et fidèle compagnon du Secrétaire Général des Nations Unies, Monsieur Kofi Annan, il ne pouvait pas renoncer à sa demande et rester passif face à une population en attente d'un monde meilleur. Il s'était donné cinq grandes priorités pour cette mission :

1° la protection des populations civiles

2° le combat contre le racisme

3° le droit des femmes

4° aider le peuple irakien à reprendre en main sa destinée et à regagner son indépendance

5° que les intérêts des Irakiens soient prioritaires dans la reconstruction de leur pays

À l'aéroport de Genève, voir partir l'équipe sans moi ne pouvait que m'inciter à régler mes problèmes au plus vite pour les rejoindre.

Le compte à rebours venait de commencer pour cette mission, mais également pour ce terrible drame que nous allions subir, qui allait faire 22 morts et 127 blessés.

Vers la troisième semaine de juin, mes problèmes étaient réglés. J'ai immédiatement envoyé un e-mail à Jonathan Prentice, son assistant, pour lui dire que j'étais prêt à partir, afin qu'il donne les directives au DPKO de New York pour régler les dernières formalités. J'étais en contact permanent avec son secrétariat et les informations qui me parvenaient n'étaient pas bonnes pour moi.

Mon remplaçant ne souhaitait pas que je vienne et sollicitait qu'une autre personne de Genève le remplace. Mais peu importait car il n'était pas au courant de l'accord passé entre moi et Sergio avant son départ et de la relation que nous avions ensemble depuis fort longtemps.

La date du 30 juin fut confirmée. Ma place était réservée sur un vol pour Rome via Amman – Bagdad sur un vol UN. La veille de mon départ, mon épouse et moi étions au bord de la piscine à la maison. Nous étions envahis par une angoisse de plus en plus forte, nous avions l'impression que nous n'allions plus nous revoir. Le lendemain, j'arrivai à l'aéroport de Genève Cointrin et après quelques soucis avec la compagnie aérienne et un changement de vol et de compagnie dû à mon arme de service, j'ai pu partir pour Istanbul via Amman. Mon départ de Genève fut très difficile pour mon épouse et moi-même. Nous pleurions comme des enfants. Le pressentiment que quelque chose allait arriver pendant ma mission. Quand j'arrivai à Amman en Jordanie dans la nuit du 30 juin au 1er juillet, mon remplaçant était là et m'attendait pour un passage de consignes rapide car il devait repartir sur Genève immédiatement.

Les informations que je reçus, sur la situation à Bagdad et l'ambiance électrique qui régnait au sein du groupe de la protection rapprochée, ne laissaient rien présager de bon.

Une mésentente entre un collègue de New York et un autre de Genève avait plombé le moral du groupe. Une situation que j'allais moi-même constater.

Le 2 juillet au matin, j'arrivais à l'aéroport de Bagdad par un vol UN.

Toutes les personnes qui débarquaient sur le sol « américain » étaient photographiées pour constituer un badge, délivré par la suite.

Mais j'étais persuadé que cela servait plus aux renseignements américains qu'à l'obtention d'un soi-disant badge servant à circuler sur le territoire.

Ce 2 juillet 2003, le fait de me retrouver sur le sol irakien me rappela de vieux souvenirs : mes deux séjours en 1991 et 1993, le premier dans le Nord, dans la région du Kurdistan vers la ville de Suleymanniyeh et le second vers la frontière de la Turquie à Dohuk. Ce pays où Alexandre le Grand, roi de Macédoine, se tailla en Orient un empire auquel il donna pour capitale Babylone, dont les ruines se trouvent à 160 km au sud-est de Bagdad. L'Irak aux mille convoitises, son or noir et son passé, qui ont engendré de nombreuses interventions étrangères. Le peuple irakien était représenté par 70% d'Arabes, 15% de Kurdes, 10% de Mésopotamiens et 3% d'Iraniens, à la merci d'un tyran depuis 1979 qui exerçait un régime dur et sans partage.

Depuis, l'armée américaine avait imposé sa force, sa façon de montrer sa puissance militaire et de confirmer sa suprématie totale. Après avoir passé le contrôle de sécurité US, j'ai pris place dans l'un des bus UN qui devait nous emmener à Canal Hôtel, le siège des Nations Unies. Pendant le trajet, je ne pouvais que constater que la ville était dans un état d'après guerre, où régnaient désordre et confusion. La faiblesse de l'autorité politique était visible partout. Dès que j'arrivai au siège UN, vers 12h00, mon premier contact fut avec un collègue de New York. Mais celui que je souhaitais rencontrer le plus vite possible, c'était Romain Baron, un autre collègue de Genève.

Un Français d'origine berbère avec du sang corse, prêt à tout et sur qui je pouvais compter en cas de coup dur.

Il allait, dans les jours à venir, avoir un rôle d'advance, d'informateur en profondeur, le rôle du rat en quelque sorte : celui qui nous apporte l'information de dernière minute pour que la mission réussisse. Puis j'ai pris contact avec Alain Chergui, un autre Français, ancien militaire de carrière et responsable du dispositif. Cet ancien adjudant-chef allait se révéler un préparateur hors pair, un homme d'une qualité exemplaire.

Le reste de l'équipe était panaché : il y avait 2 Egyptiens, 1 Libanais, 1 Croate, 2 Suédois, 1 Américain et 3 Français, nous. C'était une équipe que Sergio appréciait, vu leurs origines et leur culture. Ma conversation allait être limitée avec eux, à cause de mon anglais bien français.

Maintenant, il me restait à voir le grand patron « Sergio ». Son bureau était situé au deuxième étage, à l'extrémité sud du bâtiment. Il était en train de pianoter sur son clavier d'ordinateur quand il vit une ombre sur le palier de sa porte : il leva la tête et notre regard fut chaleureux, nous étions contents de nous retrouver.

-Gaby, vous avez fait un bon voyage, cela fait plaisir de vous voir ! me dit-il. Il se leva et me dit :

-Allons manger à la cafétéria. Je n'aime pas le gérant, c'est un voleur et on y mange mal, mais nous n'allons pas faire les difficiles.

Surtout à Bagdad, avec l'humour que l'on connaît à Sergio.

J'adorais sa simplicité, sa franchise, son honnêteté et c'est ce qui le différenciait des autres, les gens l'aimaient pour cela. Il inspirait la confiance, le côté positif des Nations Unies. Nous étions face à face à la cafétéria devant de nombreux regards indiscrets et la discussion tournait autour des fonctionnaires du Palais Wilson à Genève.

-Que disent-ils ? Que pensent-ils ? Quelles sont les dernières rumeurs ?

Je lui ai dit qu'ils ne croyaient pas à son retour pour le mois de septembre.

-Ils se trompent ! me dit-il. Croyez-moi Gaby, je ne ferai pas plus de quatre mois ici. Je ne pouvais pas faire autrement que de dire oui au big boss ! Regardez Gaby, je vous ai demandé de venir et vous avez dit oui, pour moi, c'est pareil. Puis j'ai tellement à faire à Genève, l'ONU est un instrument imparfait, mais c'est le seul que nous ayons. Pour moi, la tâche et le défi que je me suis donné, c'est que les gens du monde entier, quand ils vont sur Internet et cliquent sur l'icône des Nations Unie, voient l'image des droits de l'homme. Voilà ma difficile mission, c'est pourquoi je ne vais pas rester très longtemps ici, Gaby. Je veux également que les fonctionnaires des Droits de l'homme à Genève partent sur le terrain pour différentes raisons :

D'une part pour qu'ils sortent de leur bureau
face au lac et laissent tomber ce côté fonctionnaires tranquilles « maison – boulot - maison »

D'autre part, partir sur le terrain permet d'acquérir une grande expérience et de comprendre les attentes des personnes qui misent sur les droits de l'homme.

-Monsieur, les fonctionnaires seront très heureux de vous revoir fin septembre. Vous êtes le carburant de la voiture, sans vous cela n'avance pas.

Il se mit à rire.

-Gaby, après vos démarches administratives, faites le point sur l'aspect sécurité du bâtiment, du personnel et voyez avec Alain pour coordonner vos actions. Je trouve que dans ce bâtiment certaines choses ne vont pas. Faites au mieux, je crois que vous vous entendrez bien avec Alain, il était avec moi au Timor.

Il se leva et avant de repartir à son bureau, il me dit :

-Ce soir, Gaby, nous allons courir au Stadium, chez les Américains. Soyez prêt vers 18h00.

Il était temps pour moi de faire un contrôle sur le dispositif de sécurité mis en place dans le périmètre de Canal Hôtel. Savoir que du personnel local était en charge de la sécurité du bâtiment et des fonctionnaires me donnait énormément de soucis. J'ai pu constater que les procédures élémentaires de sécurité n'étaient pas respectées. Je sentais que les dirigeants de certains services avaient une attitude assez indolente.

La vulnérabilité des fonctionnaires qui travaillaient à Canal Hôtel était palpable. Comment des procédures de sécurité élémentaires, comme la protection du périmètre de Canal Hôtel, n'étaient-elles pas mises en place ? Pourquoi, dans une phase aussi importante de sécurité, des mesures nécessaires comme l'installation de films résistants sur les vitres du quartier général UN, n'avaient pas été appliquées ?

Le bâtiment ne fournissait aucune garantie de sécurité au personnel de l'ONU en Irak. Le site ne répondait pas aux critères du MOSS (Minimum Operational Security Standard).

Il n'existait pas de garantie d'une protection complète contre une attaque ou une action hostile. Le bâtiment était très vulnérable car situé en contrebas du pont du Tigre, et quatre routes se situaient dans ses alentours. Idéal pour prendre la fuite ou pour une attaque au véhicule piégé.

Les agents de sécurité locaux avaient certainement été embauchés certainement au pied levé vu le contrôle qu'ils effectuaient. Aucune fouille sur les personnes considérées comme visiteurs. Les amis et les copains pouvaient venir manger à la cafétéria. Aucune ronde de surveillance extérieure n'était programmée. Je pouvais considérer que chaque jour, c'était journée porte ouverte à Canal Hôtel.

J'ai essayé de rentrer en contact avec l'un des responsables UN du dispositif par l'intermédiaire de Romain.

Je compris immédiatement, à le voir arriver devant moi en tenue tropézienne (tenue blanche) avec des bagues plein les doigts, à quel genre d'individu j'avais à faire. J'aurais préféré qu'il s'occupe d'un karaoké plutôt que d'un dispositif de sécurité.

Les vitres du bâtiment n'étaient pas équipées de films résistants qui permettent en cas d'attentat d'éviter les éclats de verres. Je ne pouvais pas concevoir l'attitude indolente de certains dirigeants onusiens de Canal Hôtel.

Le dispositif sécurité extérieur étant très négatif, je m'attendais au pire à l'intérieur. Je n'avais qu'une hâte, c'était de rencontrer Alain Chergui afin de lui parler de cette légèreté au niveau de la sécurité. À l'intérieur du bâtiment, aucun système de vidéosurveillance n'était en place.

Vous pouviez entrer dans le bâtiment sans aucun souci de vous faire contrôler. En cas d'incendie, le bâtiment n'était pas équipé d'un système d'alarme.

Concernant les responsables de secteur en cas d'évacuation, la liste n'a jamais été établie. Je me suis dit que cette situation devait être corrigée de façon urgente.

Pourquoi n'avait-on pas installé une protection au niveau de la toiture et posé un filet de protection dans la cour intérieure ? Il y avait peu de garantie de sécurité pour le personnel de l'ONU en Irak.

Il y avait des travaux au-dessous du bureau de Sergio. Une entreprise de maçonnerie irakienne était en train d'ériger un mur de 3,80 m de haut pour ceinturer les 12'000 m2 de terrain de Canal Hôtel.

Pour moi, l'initiative prise par les responsables pour contrer la vulnérabilité du site n'était pas la bonne. Le choix qu'ils avaient fait était dangereux.
La sécurité bon marché, tape-à-l'œil, n'apportait pas la meilleure protection pour les biens et les personnes.

Nous aurions dû élargir le périmètre de sécurité du bâtiment avec les terrains limitrophes. Clôturer avec des barbelés avec une double, voire triple protection. Installer des caméras vidéo à infrarouge aux endroits prévus et des projecteurs pour y apporter un maximum de lumière la nuit tombée. Le coût aurait été moins important que le béton, et la sécurité beaucoup plus homogène et compacte.

Lorsque nous travaillons en phase 4 de sécurité sur une échelle de 5, on ne joue pas avec la vie des gens.
Il est inconcevable de penser que sous l'emblème des Nations Unies, nous ne risquons rien. Je considérais que nous étions une cible comme les autres.

Ma mission n'était pas de créer un concept de sécurité, mais d'assurer la sécurité personnelle de M. Vieira de Mello alors que d'autres personnes étaient venues spécialement pour régler les aspects de sécurité du bâtiment et des fonctionnaires.

Le concept de sécurité aurait du être défini avant que les fonctionnaires viennent en Irak. Les navettes concernant les fonctionnaires pour rentrer à l'hôtel le soir n'étaient pas accompagnées de Gardes armés. À chaque instant, on pouvait se faire attaquer et se faire tuer car aucun membre du personnel n'avait de gilet pare-balles.

Le bureau de Sergio était au deuxième étage et très mal exposé. Il était situé en première ligne en cas de coup dur. Du pont de la République ou de la berge opposée du Tigre, des francs tireurs pouvaient sans aucune difficulté atteindre le bâtiment. Pour l'attribution du bureau, la sécurité n'avait pas été consultée et pourtant Alain avait signalé que le bureau de Sergio était trop exposé.

Pourtant certaines personnes onusiennes étaient venues en Irak, soi-disant des spécialistes!

Pour moi, c'était du « je-m'en-foutisme » total !

Comment pouvait-on travailler avec ce genre d'individus !

J'étais hors de moi !

Qui avait pris une initiative aussi bête et irréfléchie que d'installer le bureau du patron en première ligne de tir...

Le V.I.P doit être au centre du dispositif, jamais aux extrémités. La méthode dite de la cravate doit être appliquée à tout moment, surtout dans des situations aussi élevées d'insécurité.

Plus la menace est présente, plus on ressert le « nœud dispositif » afin d'apporter une sécurité compacte et homogène.

Mon premier contact avec Alain Chergui fut très positif. Cet ancien militaire de carrière, que Sergio avait connu au Timor oriental, avait un certain charisme. Une amitié allait s'installer entre nous. Le courant passait bien, la confiance aussi. Au fil du temps, je réalisai que sa façon de travailler me convenait très bien. Méthodique et très ordonné, j'ai compris par la suite pourquoi Sergio l'avait apprécié au Timor et sa présence en Irak ne m'étonnait pas. Lui-même était exaspéré de voir une chaîne de commandement floue où aucune base élémentaire de sécurité n'était respectée.

Il était 17h00 et je devais sortir de ma valise mes affaires de sport afin d'aller au Stadium avec Sergio, pour nous oxygéner et évacuer le stress journalier. Aller courir, c'était un moyen comme un autre de s'évader, de quitter le bureau. Après avoir couru 5km km, nous finissions toujours par une petite séance d'abdominaux.

Le retour vers l'hôtel Cedar était de rigueur pour une douche bien méritée. Le couvre-feu était à 22h00, mais il était conseillé une fois arrivé à l'hôtel de ne plus sortir.

C'était ma première nuit à Bagdad, dans une suite où nous étions trois à vivre. Alain Chergui avait sa chambre et Romain et moi dormions dans une autre. Il fallait être courageux pour dormir avec Romain, car il y avait un tel merdier dans la chambre qu'il a fallu que je pose mes conditions pour y dormir. Nous dormions avec nos armes sous l'oreiller, prêts pour un éventuel problème du style Ali Baba « voleur » ou tout autre incident d'ordre qui serait malvenu.

Nous étions en phase 3-4 de sécurité située sur une échelle de 5 et je trouvais que nous étions vraiment légers en armement.

Une arme de poing de 9 mm par personne pour assurer une protection rapprochée de V.I.P dans une situation d'après guerre, cela allait à l'encontre d'une certaine déontologie : la mienne.

J'ai demandé à Romain de bien vouloir me trouver du « consistant » afin d'être plus rassuré et de travailler aux normes voulues. Le principe était d'avoir du 7,62 en Kalachnikov. Pour cela, Romain était un expert car immédiatement, il s'est mis en relation avec les services spéciaux de l'Ambassade de France. Une fois le contact pris, les échanges d'informations étaient réguliers et le point de rendez-vous était le plus souvent l'hôtel.

Un soir, ils sont arrivés avec un grand sac qui paraissait lourd et avec le sourire nous ont dit : « Voici de quoi bien dormir la nuit en étant rassuré ». C'était une arme automatique de calibre 7.62, de fabrication russe, avec 3 chargeurs. J'étais ravi, Romain et Alain aussi. Maintenant, le plus dur c'était d'en parler à Sergio et surtout qu'il me donne son accord.

Tous les matins, nous partions de l'hôtel aux alentours de 8h30 pour nous rendre au bureau. J'étais toujours en place devant sa chambre vers 7h45. Il descendait pour prendre son petit déjeuner avec. Arrivé au bureau à 9h00, j'ai demandé à Sergio qu'il me consacre quinze minutes pour parler de sa sécurité.

Je lui ai expliqué que depuis que j'étais arrivé, j'avais constaté une grande légèreté au niveau de la sécurité.

Il me répondit : « Que proposes-tu ? »

Je lui dis que j'avais déjà récupéré, par l'intermédiaire de l'Ambassade de France, une arme de guerre, que nous allons mettre dans le véhicule dit « back-up » et que Romain en serait responsable et habilité à l'utiliser au cas où.

-J'accepte, me dit-il, mais cela doit être le plus discret possible.

J'allais quitter le bureau quand il me dit :

-Gaby, donnons-lui un code, je te propose « Père Noël ».

Je me mis à rire, car pour moi, nous n'étions pas trop en période de fêtes de Noël.

Au fil des jours, la situation se dégradait à Bagdad et dans différentes villes d'Irak. Les troupes américaines faisaient l'objet de harcèlement quotidien s'apparentant à une sorte de guérilla que d'aucuns qualifiaient d'actes de résistance. La technique utilisée, le véhicule piégé. Les cibles s'inscrivaient bien dans la logique islamiste pour qui la fin justifie les moyens. Il était permis de penser que les islamistes n'étaient pas étrangers à ce type d'attentat.

Ils agissaient avec la caution sinon le soutien objectif des partisans de Saddam. Sachant pertinemment que la cible, à ce moment-là, était l'armée américaine.

Toutefois, depuis quelques jours, la diversification des attaques me laissait croire que dans un avenir proche la cible allait certainement changer. Alain, Romain et moi pensions plus à un kidnapping qu'à un attentat ! Mais une chose dont nous étions sûrs, c'est que quelque chose allait se produire, mais quoi ?

Rien ne permettait de penser qu'il y ait alliance organique entre les partisans de Saddam et les islamistes radicaux. En revanche, j'étais convaincu que la présence américaine en Irak était en train de souder les partisans de Saddam et les radicaux en un front objectif antiaméricain, afin de bouter le grand Satan hors d'Irak. Quoi qu'il arrive, nous étions prêts à vendre cher notre peau et pour moi, il était temps de resserrer le dispositif sécurité en proposant à Alain quelques idées.

Après un entretien, nous avons décidé que l'équipe qui partait en avance le matin pour assurer le trajet et le contrôle du bâtiment « Canal Hôtel » ferait ceci :

Une partie devrait se trouver à l'entrée principale, juste avant de pénétrer dans Canal Hôtel. C'était un endroit idéal pour tendre une embuscade sachant que la vitesse de la voiture était pratiquement au point mort.

L'autre, après avoir fait les contrôles d'usage à l'intérieur du bâtiment et le bureau de Sergio, devrait se mettre en statique devant l'entrée de Canal Hôtel.

Pour chaque déplacement du patron, l'équipe devait impérativement faire un travail de fourmi, afin que dès notre arrivée la zone soit claire.

Sergio avait de nombreux rendez-vous à l'extérieur ; nous allions régulièrement au Palais de Saddam où était situé le centre de commandement américain (CPI). Sergio multipliait les entrevues avec Paul Bremer pour accélérer la mise en place du nouveau gouvernement irakien. Je suppose qu'il devait parler de la situation très tendue à Bagdad. Mais le but de ses visites, pour Sergio, c'était de partir sur le terrain pour aller visiter les prisons où étaient détenus des centaines d'Irakiens.

Les informations qu'il recevait des familles qui venaient se plaindre à Canal Hôtel au sujet des conditions de détention des prisonniers étaient alarmantes. Le plus souvent, il s'agissait de sévices en tout genre à l'encontre des droits de l'homme ; cela exaspérait Sergio.

Voir de ses propres yeux était devenu sa priorité. Lui qui était devenu le Haut Commissaire aux Droits de l'homme à Genève, avait une carte à jouer dans ce domaine. Il avait reçu l'accord de Paul Bremer pour la visite d'une des prisons et surtout celle d'Abou Ghraib.

Je pense que Sergio aurait préféré des visites inopinées pour constater l'ampleur réelle de la détention des Irakiens.

Cette prison, c'était le cauchemar des Irakiens quand Saddam Hussein régnait sur l'Irak. Maintenant, ils craignaient le grand Satan et l'avenir allait le confirmer. Cette prison était un établissement clos aménagé pour recevoir des délinquants en tout genre, condamnés à une peine privative de liberté. Beaucoup étaient en instance de jugement. Certains ne comprenaient pas le pourquoi de leur détention, mais devant les armes, ils n'avaient guère le choix.

Au XVIIIe siècle, les Etats-Unis furent les premiers à remplacer les châtiments corporels par des peines d'emprisonnement dites « régime auburnien ». Les détenus étaient isolés la nuit et travaillaient le jour. Dans les conditions où vivaient cses détenus, il fallait avoir un moral d'acier pour survivre.

De retour à Bagdad, j'étais persuadé que certaines choses nous échappaient et que la visite effectuée dans cette prison ne montrait pas la réalité attendue.

Ghassam Salamé, son attaché politique, ex-ministre de la culture, professeur à Sciences Po à Paris et expert du Moyen-Orient - savait aussi que la réalité était cachée.

Il ne connaissait Sergio que depuis Larnaca, le 31 mai 2003. Le courant passa vite entre Sergio, grand sportif, diplomate et pragmatique et ce Libanais, incorrigible fumeur de cigare, adversaire de la première heure de la guerre en Irak, et volontiers polémique.

Un bi homme de choc qui allait donner du souci à Paul Bremer. Je me souviens d'une discussion où Sergio disait à Ghassam que la résolution 1483 votée le 22 mai par le Conseil de sécurité instituait une situation quasi coloniale par l'occupant.

Concernant le programme des Nations Unies « pétrole contre nourriture », il avait certes permis à la population sous embargo d'être ravitaillée, mais il avait aussi engraissé le régime de Saddam et perpétué les sanctions. Sergio était persuadé que le conflit déclenché sans l'aval du Conseil de sécurité avait scindé le pays en deux camps : occupants et occupés.

Sergio avait de très bons contacts avec les hauts dignitaires des différents partis politiques. Il était nécessaire pour lui de les rencontrer ; ils étaient comme une sonde pour connaître la température de la population. Suite aux entretiens réguliers que Sergio avait avec ces hauts dignitaires, il en résulta que les fonctionnaires des Nations Unies étaient perçus comme des supplétifs de Washington :

Tous les partis politiques disaient que l'Irak était gouverné dans la peur et la méfiance.

L'insécurité générale en Irak et la guérilla, de plus en plus active, ne pouvaient que faire monter la pression dans l'entourage de Sergio.

Le 4 juillet au matin, Alain donna comme consigne à Romain la reconnaissance de la route de Bagdad à Hilla. C'était une mission difficile car les attaques armées sur ce trajet étaient fréquentes. Pour bien repérer le parcours et marquer tous les points dangereux sur la carte, j'estimais que cela lui prendrait la journée. En lui recommandant de faire attention, je lui ai dit : « A ce soir. »

Le matin du 6 juillet, nous sommes partis pour Hilla, près de la ville Sainte de Nadjaf, à 320km de Bagdad, pour rencontrer le responsable militaire US de ce secteur. Il était important pour Sergio de connaître la situation dans cette région. C'est pour cela qu'il avait également prévu un entretien avec un haut dignitaire religieux.

Le dernier rendez-vous de la journée du 6 juillet fut la visite du mausolée du Saint Kafel à vingt minutes de Nadjaf.

Sur le retour, nous avons décidé de nous arrêter à Babylone située à 160km au sud-est de Bagdad, pour une visite du site. Babylone, ville à double enceinte fortifiée, avec les temples du Dieu Markoud. Etrange atmosphère en se promenant en ces lieux où je ressentais des tas de choses en moi. J'en eus la chair de poule quand je passai la porte d'Ishar où des inscriptions datant des périodes Kassites ou Elamites étaient inscrites sur les murs.

Il commençait à se faire tard et la route était encore longue jusqu'à Canal Hôtel. Sergio avait rendez-vous à 18h30 à l'hôtel Cedar avec deux journalistes. L'un s'appelait Christian Chesnot et l'autre Georges Malbrunot ; ils venaient pour une interview mais également pour donner à Sergio leur livre intitulé « Portrait total de Saddam ».

Arrivés vers 18h00 à l'hôtel, Georges et Christian attendaient dans le hall de l'hôtel alors que Sergio était monté dans sa chambre.

Nous avons fait connaissance pendant trente minutes avec eux et une certaine sympathie s'est installée entre nous. Entre Français, c'était un peu normal et puis ils étaient sur le terrain et à l'écoute de la population : cela pouvait nous apporter des informations importantes.

L'entretien terminé avec Sergio et avant qu'ils quittent notre hôtel, ils sont revenus vers moi pour un brin de causette et pour me dédicacer leur livre, geste fort sympathique de leur part. J'étais sûr que nous allions nous revoir très bientôt car le contact qu'ils avaient lié avec moi était important s'ils voulaient revoir Sergio.

Le 7 juillet, devant l'Ambassade de Jordanie, un attentat à la voiture piégée faisait 11 morts. Les sabotages d'oléoduc, de pylônes électriques et de conduites d'eaux étaient usage courant. Les pertes humaines depuis la fin des opérations majeures début mai étaient en nette progression.

Les Américains avaient perdu 61 soldats dans les attaques dont 32 au cours des trente derniers jours. La quasi-totalité de ces attentats eurent lieu à Bagdad ou dans les villes du « triangle sunnite » - Fallouja, Ramadi, Takrit, Baqouba ainsi qu'à Mossoul.

La situation était chaotique en Irak. L'état et le gouvernement étaient inexistants. Les lois étaient bafouées, rien que pour apporter une certaine fermeté dans ce pays. Plus personne pour encadrer, autrement dit, un contexte parfait pour les terroristes. Les informations que l'on recevait des services spéciaux faisaient état de plusieurs centaines d'hommes : probablement des terroristes internationaux qui pénétraient dans le pays.

Pour nous, si des groupes terroristes de diverses obédiences s'étaient regroupés en Irak, ce n'était certainement pas pour faire de la figuration. Les rumeurs allaient bon train à Bagdad au sujet de Saddam.

Certains disaient : « On frappe à la porte, Saddam Hussein surgit en habit civil, accompagné de deux gardes du corps, demandant s'il peut rester là un laps de temps, puis repart, et pour cette aide l'hôte reçoit un gros paquet de dollars ». Pendant trente-cinq ans, Saddam avait tenu ce pays d'une main de fer et son image était partout.

Il était difficile à oublier, d'autant que nombre d'Irakiens le voient comme un homme indestructible, que rien ne peut abattre. Cet homme qui a échappé à tous les complots, donné pour fini après la déroute du Koweït en 1991, a réussi à rétablir sa position pour durer douze ans de plus.

Nous étions le 14 juillet et les collègues de l'AFP avaient prévu une petite fête le soir sur le toit de l'hôtel.

Le principal, c'était de marquer le coup et de pouvoir boire le verre de l'amitié.

Tout le monde avait besoin de se retrouver et de parler la langue de Molière et de Victor Hugo. Sergio parlait régulièrement français avec son entourage mais ce soir-là, il n'était pas venu. Vers minuit, les hélicoptères américains tournaient dans le quartier et on entendait les tirs d'armes automatiques.

Cette violence que Sergio voulait à tout prix combattre !

Lui qui disait que la non-violence ne consistait pas à s'abstenir de tout combat réel, face à la méchanceté. Au contraire, je vois dans la non-violence une forme de lutte plus énergique et plus authentique que la simple loi du talion qui aboutit à multiplier par deux la méchanceté. Contre tout ce qui est immoral, j'envisage de recourir à des armes morales et spirituelles. Un soir, lors d'une tournée dans les pays limitrophes à l'Irak, dans un grand hôtel du Caire après une bonne séance de sport, nous étions dans le sauna et nous parlions de cette guerre :

-Je ne cherche pas à émousser le tranchant de l'arme qui

m'oppose aux envahisseurs en employant une lame encore plus aiguisée que la sienne, me dit-il. Je m'emploie à désamorcer le ressort du conflit en n'offrant aucune résistance d'ordre physique. Mon adversaire doit être tenu en respect par la force de l'âme. Tout d'abord, il sera décontenancé, puis il lui faudra bien admettre que cette résistance morale est invincible.

La petite fête française battait son plein et des Libanais étaient venus nous rejoindre. Ils étaient présents en Irak pour relancer le marché économique irakien. Un carrefour culturel était établi depuis fort longtemps entre ces deux pays et l'entente était parfaite. La littérature libanaise était placée sous une double influence - arabe et française - et pour nous, tous anciens militaires de carrière, parler de Balbek, de la plaine de la Bekaa, et de Beyrouth, nous rappelait de bons souvenirs : la période de la FINUL en 1978 où nous étions des casques bleus au service de la paix.

Il eut un moment d'hésitation, puis il prit son sac, mit quelques affaires dedans et partit avec nous. Je sentais qu'il était content mais anxieux, car de nuit, dans Bagdad, c'était très dangereux. Après avoir mis une bonne heure, nous étions de retour sur le toit de l'Hôtel Cedar pour continuer la fête.

2 heures du matin. Il était grand temps d'aller se coucher et, au moment de partir de notre position, une scène insolite se déroula dans l'hôtel situé en face du nôtre. Les ébats amoureux d'un couple de journalistes d'une grande chaîne de télévision américaine. La fenêtre était grande ouverte et nous regardions en hurlant de rire, mais rien n'arrêtait nos amoureux qui, en pleine action et au bruit des hélicoptères Apache, prenaient un réel plaisir, et ne se souciaient guère de la situation à l'extérieur de leur chambre. La fatigue était là et je devais, le lendemain matin et comme tous les matins, faire du sport avec Jonathan Prentice.

Sachant que nous ne pouvions pas aller courir en ville à cause de l'insécurité permanente, nous montions une trentaine de fois les escaliers de l'hôtel en courant. Rien de tel pour décrasser la machine et permettre au mental de passer une journée avec moins de stress.

Avec Jonathan, nous avions décidé que pour fin septembre, nous devions arriver à monter les cinq étages de l'hôtel 50 fois.

À 6h00, nous commencions notre jogging et les gens qui sortaient de leur chambre devaient nous prendre pour des fous.

Il nous arrivait de le faire le soir aussi, cela dépendait de nos activités. Mais physiquement nous étions au point, et cela se ressentait dans notre comportement. De plus, Sergio ne prenait jamais l'ascenseur. Que cela soit à l'hôtel ou dans le bâtiment des Nations Unies à Bagdad, les escaliers, c'était notre dessert de tous les jours.

Vers 7h45, comme tous les matins, j'attendais Sergio devant sa chambre, la suite 401. Je consultais le planning journalier pour savoir dans quel quartier de Bagdad nous serions aujourd'hui et pour préparer l'« advance-sécurité », afin qu'elle reconnaisse le secteur. Les convois humanitaires étaient attaqués régulièrement et le risque d'une attaque d'envergure ou d'attentat contre les Nations Unies se faisait sentir chaque jour.

Dans le Nord du pays à Mossoul, le bâtiment UN fut attaqué à la roquette. Un convoi alimentaire de l'organisation WFP fut également attaqué en dehors de Bagdad et avait fait deux morts et quelques blessés. Je ne comprenais pas cet acharnement sur l'Organisation. Celle-ci allait sur tous les continents lutter contre la guerre et la misère. Certes nous étions une armée, mais nous avions choisi de nous battre dans l'armée de la paix.

Tom Metcalf était un ancien des SAS britanniques qu'Alain et moi connaissions bien. C'était un homme banal que l'on ne remarque pas, mais, sur le terrain, pour ramener des renseignements, c'était le meilleur. Les informations qu'il nous donnait sur la situation dans le pays étaient d'une qualité remarquable. À Genève, il avait été chef adjoint de la Sécurité et son départ précipité pour l'Irak nous avait laissés dubitatifs quant à l'avenir de la section.

La situation était tellement tendue que lors de nos décollages à l'aéroport de Bagdad pour nous rendre dans les pays limitrophes, on nous tirait dessus à l'arme automatique en fin de piste. Par le hublot, nous voyions de grandes traînées blanches : des ogives de 7,62mm, qui pénétraient dans l'air. Nous priions pour qu'aucune ne touche le réservoir de l'avion. Romain et moi n'en avons jamais parlé afin d'éviter des angoisses supplémentaires à l'équipe.

La route la plus dangereuse était celle qui relie Bagdad à l'aéroport.

Il se passait tous les jours des incidents car les cibles étaient mobiles, donc faciles à tirer, et le temps de réaction et de riposte pour l'armée américaine était suffisamment long. Cela laissait aux terroristes le temps de se replier.

Le 17 juillet, le Secrétaire Général présenta son rapport devant le Conseil de Sécurité en application du paragraphe 24 de la résolution 1483, et suite aux recommandations et aux actions menées par Sergio. Dans le processus de transition politique, aux paragraphes 16 et 19, Sergio avait dit :

-Après des décennies de régime répressif, l'Irak souffre d'un déficit démocratique et a besoin d'institutions légitimes. En fait, une vie politique fondée sur le pluralisme doit être réinventée. Il faut, de toute urgence, que les diverses composantes ethniques, religieuses, provinciales et autres de la société trouvent leur unité dans une communauté politique unique, qui soit à la fois respectueuse de l'importante diversité culturelle du peuple irakien et ouverte aux idées nouvelles qui aident les individus à remettre en cause les structures traditionnelles.

L'idée que la démocratie ne saurait être imposée de l'extérieur mais doit venir de l'intérieur a constitué un autre thème commun de ces entretiens. Les dirigeants politiques, religieux et civils Irakiens réfléchissent à un programme de transition sous direction Irakienne.

Certains d'entre eux ont dit voir avec pragmatisme le projet de création d'un gouvernement intérimaire Irakien, qu'ils considéraient comme un moyen d'améliorer l'administration du pays pour le court terme et comme un pas en direction du rétablissement de la souveraineté Irakienne, et d'une appropriation de la réforme des institutions et des politiques nationales pour le long terme.

Les interlocuteurs estimaient que, même si ses attributions étaient limitées, la seule existence d'un gouvernement intérimaire Irakien ferait une différence.

Le 22 juillet, la traque des dignitaires du régime déchu par les Américains était sans aucun répit. Les informations que nous recevions de la part des services spécialisés, indiquaient une recherche accrue autour de Tikrit, plus précisément dans le secteur de Baqouba, Dyala et dans la ville même où Saddam était né. Ils espéraient capturer Saddam ou ses fils. Une autre information que nous avions était qu'un proche du dictateur avait donné des informations importantes sur la famille de Saddam Hussein.

La région était idéale pour se cacher, lui qui étant enfant en avait parcouru les moindres endroits. Des palmeraies, des plantations d'arbres, une végétation parfois abondante et en montant au nord-est de Tikrit vers Kirkouk, des massifs montagneux qui offraient des possibilités pour se dissimuler.

Depuis un mois, les raids nocturnes des forces spéciales américaines se multipliaient dans la région et cela devait payer, tôt ou tard. Le 22 juillet, les Américains avaient localisé les fils de Saddam, Oudaï et Oussay. L'étau se resserrait autour de l'ex-raïs. Les 25 millions de dollars offerts à l'indicateur qui permettrait de localiser Saddam en alléchaient plus d'un. Les Américains avaient localisé dans un quartier résidentiel de Tikrit, la villa où se cachaient les fils de Saddam.

Pour éviter une issue échappatoire, deux missiles ont été tirés sur la maison qui ne laissèrent aucun espoir aux locataires. Le soir même, dans Bagdad, les rafales de Kalachnikov se sont fait entendre pendant de longues heures. Certains montraient leur joie, d'autres leur peine.

Le lendemain, la presse irakienne ne parlait que de cela, la mort des fils du raïs. Une chose me tracassait de plus en plus : les slogans pro-Saddam et anti-américains se multipliaient.

Sur le mur des toilettes de la cafétéria de Canal Hôtel, Romain avait trouvé des inscriptions pro-Saddam qui disaient : « Saddam pour toujours », « longue vie à Saddam, mort aux Américains ». Pour moi cela ressemblait plus à un avertissement qu'autre chose.

Mais il était important d'en aviser l'homme vêtu de blanc qui se croyait à St Tropez et qui était responsable de la sécurité des fonctionnaires et du bâtiment pour qu'il prenne les mesures nécessaires de surveillance. L'information fut prise au second degré et aucune mesure n'a été adoptée par cet individu, soi-disant responsable. Mais pour moi cela était trop important. Hussein m'appelle pour le protéger, alors je n'hésiterai pas, je foncerai, quitte à mourir».

La tension montait, c'était palpable, les Irakiens en avaient marre des Américains: pour chaque opération militaire, des civils étaient tués. Pour eux, les actes de barbarie des occupants ne pouvaient plus durer.

Ils nous disaient que s'ils continuaient à tuer des civils, c'était toute la société irakienne qui allait se retourner contre eux.

Je pense que tactiquement, la stratégie américaine n'était pas la bonne. J'aurais plutôt joué sur la carte de la discrétion concernant l'uniforme. Trouver des garnisons assez éloignées de Bagdad, entre 20 et 30 km. Intervenir seulement en cas de nécessité.

Au contraire, tous les jours, les Irakiens se pliaient aux contrôles de la coalition avec tout ce que cela comporte comme désagrément.

Et puis quand vous arrivez dans un pays qui n'est pas le vôtre, il convient de respecter la population, les coutumes et surtout de ne pas jouer aux arrivistes terminators.

Nous devions impérativement avoir des informations au sujet des attaques futures et surtout savoir si les cibles étaient toujours dirigées contre la coalition. Un jour, une fois notre coupe de cheveux terminée chez un coiffeur de Saddam City, celui-ci nous dit de passer dans l'arrière-boutique afin de discuter plus tranquillement. Pour parler business, la jolie couleur verte des dollars délie la langue de certains.

Dans la pièce où nous parlions, une porte était entr'ouverte et donnait sur une autre pièce, dans laquelle j'apercevais des enfants âgés entre 12 et 16 ans. Ils nettoyaient des armes automatiques et montaient et démontaient ces armes avec une étonnante facilité. À cet âge, ils auraient dû être sur les bancs de l'école au lieu d'effectuer une telle besogne.

Nous n'étions pas rassurés, il y avait de l'agitation autour de la boutique. J'ai fait signe à Romain pour lui dire : « On décroche ». Lui aussi avait compris que cela commençait à devenir dangereux. Sortis de la boutique, nous avons pris notre véhicule et sommes repartis en direction de l'hôtel. Dans la voiture, Romain me dit :

Que les attaques allaient s'intensifier, que la méthode opératoire allait changer également.

Que les Nations Unies étaient reconnues comme une force de la coalition à la botte des Américains.

Que le jour était arrivé, qui marquait le début du déclin de l'empire américain et allait déchirer plus durablement encore l'Irak d'aujourd'hui.

Il ajouta :

-Je ne sais pas ce qui va nous arriver, mais il faut se préparer au pire.

-Fait chier ! je lui dis. Je ne suis pas venu en Irak pour me faire buter.

Romain me dit que dans le regard du coiffeur, il avait senti une détermination incroyable. Il lui a dit que la justice d'Allah arrivait sur terre.

-Il m'a dit qu'il ne fallait plus revenir dans le quartier, car il ne pouvait plus garantir notre sécurité.

J'étais fou de rage de savoir que nous avions uniquement des armes de poing pour assurer notre propre sécurité et celle du patron. Je voulais bien mourir, mais que l'on me donne le choix de mes armes. Car la défense doit être proportionnée à l'attaque.

Là, ce n'était pas le cas !

J'étais en Irak depuis un mois, je correspondais tous les jours par e-mail avec mon épouse et elle trouvait le temps long.

La canicule s'abattait sur la France et causait de nombreux morts.

Ici la canicule était permanente, des chaleurs torrides et un air sec et chaud.

Je préparais mon départ avec Sergio pour une visite des pays limitrophes à l'Irak. Notre première destination était la Turquie, puis l'Egypte et le Koweït.

Nous allions au CPI (centre de commandement américain) assez régulièrement car Sergio ne laissait aucun répit et multipliait ses contacts avec les autorités américaines.

Romain, pendant ce temps, effectuait le plein des voitures UN de rations US et d'eau, à la barbe des soldats. Il se sentait vraiment chez lui et son aisance me laissait admiratif.

Un soir, dans notre hôtel, les services spéciaux français étaient venus nous voir pour boire un verre, pour faire un brin de causette et un échange d'idées. Au cours de la discussion, Romain leur proposa des rations et de l'eau gratuitement et il leur expliqua comment il pouvait se procurer cela. Il était même persuadé qu'un jour, il toucherait une solde de militaire en allant là-bas. Toute la chambrée rigolait de ces anecdotes.

Un soir, nous étions dans la salle de restaurant de l'hôtel

Cedar. Le barman était derrière son comptoir quand Romain lui proposa un tour de passe-passe. Celui-ci accepta sans hésiter. Romain lui banda les yeux et avec la main droite de lui dit de taper très fort sur le bar avec la main droite en pensant très fortement à quelque chose dont il avaut envie. Le barman accepta et, les yeux bandés, il tapa fortement sur le bar. Pendant ce temps, Romain alla chercher une barquette de 24 œufs et il lui dit : « Pense très fort ! » Au moment où le barman leva la main, il glissa les œufs dessous et...une vraie omelette de coquilles se répandit autour de nous.

C'était cela Romain, dans des moments de détente, cela nous faisait du bien de rire et de penser à autre chose, un court instant.

Alain Chergui, Jonathan Prentice et Carole Ray avaient besoin de vacances. Partir une quinzaine de jours de cet endroit leur permettrait de recharger leurs batteries.

Romain, lui, partait en France le 8 août pour revenir le 17. Je n'étais pas rassuré de tous les voir partir. Romain qui partait en vacances, j'avais du mal à le concevoir. Lui, mon homme de confiance, mon traducteur, l'homme enfin de toutes les situations. Alain n'allait pas tarder à partir également et pendant trois jours, j'allais me retrouver le seul Français de l'équipe.

9 juillet 2003. Les pistolets mitrailleurs (MP5) arrivaient ce matin de Amman, avec quelques petits soucis avec les douaniers jordaniens.

Ce matin-là, dans le véhicule de Sergio en direction du bureau, je lui ai dit que pleins de petits « Pères Noël » arrivaient.

Il sourit et me dit :

-Gaby, j'espère pouvoir tirer avec prochainement.

-Pas de soucis, Monsieur, j'organise une journée de détente

pour vous et Carolina et vous allez tirer, mais pas uniquement avec ces armes, mais aussi avec des armes de poing, telles que SIG et Glock, et des fusils d'assaut Kalachnikov, M4.

-Formidable, me dit-il, enfin un peu de distraction pour faire oublier la routine « bureau-hôtel ».

En fin de matinée, le matériel tant attendu était là, devant moi, dans des caisses : 7 MP5 avec les munitions.

Le plaisir était immense, car il était important pour nous tous d'avoir du matériel adéquat pour une mission de haute sécurité avec les risques que cela comporte. Immédiatement, nous avons monté les caisses dans notre bureau afin de contrôler et de nettoyer les armes.

En démontant les armes, certaines n'avaient pas de percuteur et à plusieurs reprises, nous avons fouillé les caisses pour savoir s'ils ne traînaient pas. Au total, sur sept MP5, quatre n'avaient pas de percuteur. C'était comme si on nous livrait une voiture sans roue.

Nous étions sous le choc. Heureusement que nous avions contrôlé les armes. Si nous étions partis en convois avec ces armes, sans percuteur, et que l'on nous tirait dessus, je n'aurais pas donné cher de notre peau. Pour moi, c'était un manque de professionnalisme total, j'étais dégoûté de voir que l'on pouvait jouer avec la vie des gens.

Nous étions en sous-effectif, car Romain était parti rejoindre sa Bourgogne natale, pendant dix jours, et m'avait promis de me ramener du pâté et du vin afin que le soir à l'hôtel, on puisse manger un peu à la campagnarde.

Le jour du départ d'Alain, il était dans le bus avec Jonathan et Carole, tous les trois prêts à partir pour l'aéroport pour deux semaines de vacances bien méritées. Le regard qu'Alain et moi avons échangé voulait dire plein de choses. Le sentiment que quelque chose allait se passer pendant son absence. Je me retrouvais seul, sans mes compagnons de chambrée.

Les relations avec les Américains étaient assez tendues. Le 17 juillet, suite aux visites que nous avions faites dans les prisons, Sergio avait remis au Secrétaire Général Kofi Annan un rapport accablant sur les conditions de détention dans les prisons irakiennes. Régulièrement, des hauts dignitaires irakiens venaient à Canal Hôtel pour se plaindre des conditions de détention et des sévices que les Américains infligeaient aux prisonniers.

Pour permettre à Sergio de se changer les idées, j'avais organisé une séance de tir. Il était content, tel un enfant qui reçoit un jouet pour Noël. Son engagement était réel et son entraînement identique au nôtre.

Allongé, à genoux, debout, il ne disait rien, il transpirait et exécutait les ordres comme une jeune recrue militaire. L'avoir sorti du bureau et de la routine journalière ne pouvait que lui redonner du tonus.

En une journée, nous avions tiré 3000 cartouches de 9mm, 300 cartouches de 7,62mm, 600 cartouches de 5,56mm.

Le matin du 18 août, dans la voiture en direction du bureau, je parlais avec Sergio de tout et de rien. Puis je lui dis que Romain arrivait de vacances ce matin et qu'Alain, lui, ne revenait que le 24. Il me dit : « Super, nous allons goûter les spécialités de la Bourgogne. »

Les Américains venaient d'arrêter à Mossoul Taya Yassine

Ramadan, l'ancien Vice-président du régime déchu. La pression américaine était constante et les actions qu'ils menaient, de plus en plus fréquentes.

Vers 12h00, j'étais à Canal Hôtel, quand dans le couloir, j'entendis la voix de Romain, heureux d'être de retour. Je l'étais aussi.

Immédiatement, je suis allé voir Sergio pour lui dire qu'il était là.

-Fais-le entrer dans mon bureau ! me dit-il.

Romain entra, lui donna une petite claque dans le dos et lui dit :

-Bonjour Monsieur. Voici quelques spécialités de Bourgogne, que vous pourrez manger à l'hôtel avec Carolina et également ce Bourgogne 1er cru.

Sergio dit « Merci » à Romain et se remit au travail. Dans l'après-midi, Romain me demanda si Jean Selim Kanaan pouvait dormir dans notre chambre, à la place d'Alain. Sachant qu'il était en vacances jusqu'au 24, cela ne me posait pas de problème.

Le soir du 18, nous étions dans la chambre quand l'équipe de l'ambassade de France vint nous trouver pour un échange d'informations sur la sécurité dans le pays.

Autour de la table, du pâté de Bourgogne, du vin, de la bonne bière, la discussion battait son plein. Les informations concernaient deux groupes terroristes inconnus se faisant appeler «l'avant-garde armée de la seconde armée de Mohamed» et l'autre « les fous d'Allah ». Ils commençaient à effectuer leur travail de terroristes sur des cibles militaires de la coalition. Dans certains quartiers de Bagdad, l'information circulait au sujet de ces deux groupes en disant qu'ils étaient aux commandes de la ville pour planifier la résistance.

Fallouja serait le quartier général, le point de départ de la reconquête.

Les informations provenant de « Libellule », nom de code donné à notre informateur, étaient sûres. L'insécurité dans la région allait s'amplifier considérablement, ce qui ne nous arrangeait pas du tout.

L'information sur un grand nombre de combattants étrangers venus combattre les envahisseurs était confirmée par notre informateur. Il fallait éviter la route de l'aéroport qui était la plus dangereuse, car la fréquentation de véhicules militaires était importante.

Jean Selim écoutait attentivement les débats et il en était friand. Peut-être avait-il le projet de faire un livre sur cette expérience en Irak ?

Il avait compris que les personnes qui étaient dans notre chambre faisaient partie des services secrets français.
La situation était tendue, des actions terroristes allaient avoir lieu dans Bagdad, mais impossible de savoir où, quand ni comment. Ils nous répétaient : « Soyez sur vos gardes dans vos déplacements ». Le message était clair, peut être qu'ils n'osaient pas nous dire que la cible, c'était nous. Nous nous sommes quittés vers 21h00, peu avant le couvre-feu.

Le 19 août à 7h30, j'attendais comme tous les matins Sergio devant sa chambre d'hôtel. Il sortit de sa chambre à 7h45 ; son visage n'avait pas cette expression brésilienne de bon vivant.

Il était tendu, nerveux, je le sentais... Dans la salle de restaurant, il était assis, l'air évasif, penseur. Nous partions tous les jours vers 8h30-8h45 pour le bureau. Mais aujourd'hui, il était 8h15 quand il se leva pour prendre la direction de la sortie. Le cortège était déjà prêt devant l'hôtel.

Au passage, il serra la main aux employés de l'hôtel, ce qu'il ne faisait pas les autres jours. C'était vraiment bizarre, l'atmosphère était lourde. Il était différent des autres jours. Á l'arrière de la voiture, la tête sur la vitre de la portière, il regardait le ciel.

Je lui dis : « Ça va, Monsieur ? »

Pas de réponse de sa part, il était ailleurs.

Nous étions mardi et une chose était également bizarre : le trafic dans Bagdad. D'habitude, en jour de semaine, le trafic était dense mais là, aucun bouchon, une circulation fluide.

Je me suis dit : « Il va se passer quelque chose aujourd'hui. » Dans ma tête, je pensais que les Américains allaient être la cible d'actes terroristes.

Nous sommes arrivés au bureau de Canal Hôtel à 8h40 et dans le bureau, Sergio posa sa veste sur le rebord de son fauteuil et son portable sur son bureau. Je suis sorti et j'ai refermé la porte. Je devais préparer la mission du 20 août à Mossul. J'ai consulté son planning journalier du 19 et nous avions un rendez-vous à 13h00 au CPI (Centre de commandement américain). Après, à 15h30, il avait une réunion avec des staffs dans son bureau. Cela me laissait la matinée pour préparer ma mission du 20. Mohamed Haider, un collègue de New York, était déjà parti en avance à Mossoul pour préparer notre arrivée.

Vers 12h00, Line m'appela pour me dire que le rendez-vous chez les Américains était annulé.

Je ne connaissais pas le motif, mais je trouvais cela bizarre. Mais bon, j'étais trop occupé par ma mission pour m'en soucier.

Sergio avait commandé un plateau à la cafétéria et avait demandé de se le faire monter dans son bureau. J'avais décidé de manger à la cafétéria avec Romain.

Pendant que nous mangions, Jean Selim était venu nous rejoindre. Il nous parlait de son fils, il était fier d'être papa et il n'avait qu'une envie, c'était de repartir pour le serrer dans ses bras. Il nous posait plein de questions sur notre passé militaire et j'avais l'impression qu'il avait envie d'écrire un livre sur nous. Après avoir pris un bon repas, nous sommes allés boire le café au bar de presse pour finir notre conversation, sans penser un seul instant que deux heures après, j'allais le revoir mort dans les décombres de Canal Hôtel.

Pendant ce temps, Romain était parti téléphoner à son épouse.

Il était 13h30, je devais prendre mon tour de service devant le bureau de Sergio à 15h00. Dans le bureau de la sécurité, je travaillais sur le dossier de Mossoul où, quelques jours auparavant, le bâtiment des Nations Unies avait été pris à partie par des tirs d'armes automatiques et un tir de roquettes. Pour moi, il était nécessaire d'avoir un maximum d'informations sur ces attaques.

Il était 15h00, l'heure de prendre mon tour de garde devant le bureau de Sergio.

Après avoir relevé mon collègue, je continuai à travailler sur le dossier Mossoul.

À 15h30, trois personnes se présentèrent devant moi pour me dire qu'elles avaient rendez-vous avec Sergio.

Je suis allé voir Nadia Younes, chef du personnel, pour l'aviser de l'arrivée des visiteurs.

À 16h40, Nadia et les visiteurs entrèrent dans le bureau de

Sergio. Il était assis derrière son ordinateur, en train de travailler.
J'installai les invités et entre-temps, Jean Selim et Fiona Watson s'installèrent également autour du petit salon dans le bureau de Sergio. Je fis un signe de la main à Sergio pour lui dire que tout était OK. Il se leva et vint s'asseoir à la table des invités.

Pendant ce temps, je quittai le bureau en refermant la porte, je passai devant le bureau de Jonathan Prentice où Rick Hooper, son remplaçant, travaillait. Je passai également devant le secrétariat où Line et Ranillo étaient en train de travailler. J'arrivai à mon bureau situé à cinq mètres de là. Une cloison et un couloir me séparaient du bureau de Sergio.

Il est 16h00. Au moment où je vais m'asseoir, une terrible explosion retentit. L'effet de souffle me propulse à environ dix mètres de ma position initiale, et je finis ma course contre un mur. Je suis sonné pendant une ou deux minutes puis regarde si je suis blessé. Tout va bien. A ce moment-là, toute une partie du deuxième étage s'effondre et moi je reste sur la partie restante du deuxième étage.

Les oreilles me font mal. J'ai du mal à respirer. Il y a de la poussière, des gens qui crient. Les deux portes des ascenseurs à côté de moi sont complètement couchées sous l'effet du souffle.

Immédiatement je me dirige vers le bureau du secrétariat : devant moi, Line, la seconde secrétaire de Sergio est en sang. Elle hurle de peur, de souffrance, ses mains sont pleines de sang car une multitude de morceaux de verres se sont plantés dans son visage. Je lui demande de gagner la sortie le plus rapidement possible.

Dans le bureau du secrétariat c'est le carnage : Ranillo, le second secrétaire, est étendu sans vie.

J'entends Romain qui m'appelle : « Gaby, Gaby, Gaby ».

Je lui réponds :

-Je suis là, viens vite me donner un coup de main.

Je l'aperçois, le visage en sang et un morceau de ferraille planté dans la poitrine.

Je lui dis : -Vas te faire soigner !

Il me dit : -Le patron est-il vivant ?

-Je ne sais pas, pour l'instant je le cherche.

Je commence à l'appeler :

-Sergio ! Sergio ! Sergio !

Puis une voix répond à l'appel, c'est lui, mais où est-il ?

Romain et moi rentrons dans le bureau de Jonathan et là, devant nous, Rick, son remplaçant, est allongé sans vie.

Plus loin, au-delà du bureau du deuxième étage où nous sommes, c'est le vide : les deux étages sont au rez-de-chaussée. De la position où nous sommes, je ne peux pas faire grand-chose. Je décide donc de sortir du bâtiment. Arrivé dans le hall, c'est le charnier : des gens mutilés, sans vie, jonchent le sol. D'autres divaguent, blessés, sans savoir la conduite à adopter. Je n'ai pas le temps de m'occuper d'eux. Ma priorité, c'est le patron, et je dois immédiatement me rendre sur le tas de gravats afin de trouver une issue pour sortir Sergio de là. Il est vivant, c'est une certitude, il a répondu à mon appel.

Le temps de contourner le bâtiment, Romain perd beaucoup de sang à la tête, je lui ordonne d'aller se faire soigner.

Il refuse, il veut à tout prix m'aider à secourir le patron.

Je dois hausser le ton pour qu'il comprenne.

Pratiquement arrivée vers le tas de gravats, Carolina est dans un état d'angoisse immense et me demande sans cesse : « Sergio, Sergio ! » Je lui réponds qu'il est vivant et que je vais le chercher. Je demande à Shabow Taher, la secrétaire de Ghassam Salamé, de s'occuper d'elle pour éviter qu'elle soit toujours à côté de moi à demander des nouvelles de Sergio.

Arrivé sur le tas de gravats, je commence les recherches avec Jeff, un colonel de l'armée australienne, attaché militaire de Sergio et également un jeune Sergent de l'armée américaine. Une personne est vivante devant nous, coincée dans le tas de gravats et se plaint de ses jambes. Deux soldats américains sont là, je leur demande de bien vouloir s'occuper de ce monsieur.

La terre, les débris sont brûlants mais nous grattons quand même tout en appelant Sergio. Nous l'avons repéré, il nous répond et par une petite cavité, nous arrivons à le voir. Mais impossible de nous frayer un passage. A un moment donné, je monte sur le tas de gravats et, les bras en l'air, j'appelle à l'aide. J'entends les hélicoptères, beaucoup de gens regardent sans pour cela commencer à aider.

La seule solution, c'est de remonter par le deuxième étage et de trouver une issue pour redescendre. Arrivés au deuxième étage, des militaires américains sont là, en train de rechercher d'éventuels survivants. Je leur demande de me trouver une corde rapidement car je pense avoir repéré l'endroit où je pourrais rejoindre Sergio. Les risques sont énormes car je dois me faufiler sous des blocs de bétons ne demandent qu'à s'effondrer.

Je rampe à tâtons, ébloui par la noirceur de la lumière. Mes genoux commencent à me faire mal et je m'enfonce dans ce labyrinthe de ruines. Ce tas de gravats encore fumants a l'odeur perceptible de la mort !

Un des militaires, avant de descendre, me donne sa mini

lampe torche. J'attache la corde tel un alpiniste qui se glisse dans une cavité étroite et je commence à descendre tout doucement, pour toucher terre quelques mètres plus bas. Le temps de me détacher et je commence ma progression souterraine. Jeff est derrière moi.

Pendant notre cheminement, nous tombons sur un corps que je connais bien, j'ai mangé avec lui à la cafétéria le midi même. Le pauvre, le béton l'a plié en deux, mais il ne me paraît pas abîmé. Lui qui m'a parlé de son fils la veille. Jean Selim, tu étais gentil et brave. Toi qui étais volontaire à chaque instant. Tu m'avais parlé de ton livre *Ma guerre contre l'indifférence.*

Adieu mon ami…

Je dois continuer mon chemin. Je continue ma progression et Fiona est là aussi, sans vie, son visage marqué par l'effet du souffle.

Toi qui étais une brillante politologue et conseillère de Sergio !

Je m'arrête, la regarde, je lui parle !

« Es-tu vraiment morte ? » Pas de réponse.

Elle était d'une grande générosité et engagée, elle aussi, à servir Sergio pour aboutir à du concret.

Je continue mon chemin, les blocs de béton sont tachés de sang. À quelques mètres encore, un autre cadavre sans vie, un homme brun d'une quarantaine d'année que je ne connais pas. Sur le coup, je crois que c'est Sergio, le visage et les cheveux devenus tout blancs après l'explosion. Le corps mutilé et vidé de son sang, les yeux grands ouverts. La peur me gagne doucement car sous des tonnes de béton, je ne suis pas maître de la situation.

À quelques mètres, j'entends un hurlement étouffé et lancinant, à l'écho presque inaudible. Je vois un autre corps coincé sous le béton. C'est Sergio ! Il est vivant ! La joie m'envahit peut-être trop vite, mais peu importe. Je suis en contact visuel, je lui parle !

-Ne te fais pas de soucis, je suis là maintenant, je vais te sortir de là mon ami.

-Je meurs, Gaby, j'ai fini ma journée, ma mission est terminée, la mort arrive à grand pas. C'est une bombe, bombe, bombe ! La Machine de la mort se met en route par le délire qui est en elle.

Est-ce son adieu définitif qu'il veut me faire partager ? Le monde glisse sous son corps meurtri. Je suis triste et je voudrais m'éteindre, m'endormir sans lendemain avec lui. Mon samouraï de la paix, ton gladiateur a envie de quitter l'arène avec toi.

Je pleure, je creuse, je déblaye les gravats, tel une machine. Il y a cette main tendue vers moi pour me dire « aide-moi, je t'en supplie, ne me laisse pas, j'ai tant de choses encore à faire. »

Le cri de l'enfer sort de ma bouche, ma voix qui hurle et qui pleure ! Sergio, mon ami reste avec moi.

Je me mets à prier, à penser aux seigneurs de la mort pour leur dire que je ne les ai ni blasphémés, ni maudits. « Ayez pitié de ce grand homme qui avant de franchir la barrière vous crie déjà son nom. »

Je m'obstine, je creuse d'avantage, je procède méthodiquement pour enlever chaque bloc de béton La chaleur et la poussière me gênent. Pas de plainte, pas de pleurs, Gaby, il faut encore et encore multiplier tes efforts.

Sergio me répond :

-Bombe ! Bombe…

Il est sacrément amoché. Chaque fois que je lui parle, ses

*En haut : Le team sécurité de Sergio sur l'aéroport de Bagdad*
*En bas : Sergio  à l'écoute, accompagné de Ghassam Salamé avec un haut Dignitaire religieux Irakien*

*Le team sécurité de Sergio sur l'aéroport de Bagdad*
*De la gauche à droite :*

*Elie Eid (close protection),*
*Ghassam Salamé (attaché politique),*
*George Réginald (close protection),*
*Mohamed Haider (close protection),*
*Sergio Vieira de Mello,*
*Josef Vatavuk (close protection),*
*Jonathan Prentice*
*(Assistant de Sergio),*
*Gabriel Pichon (close protection),*
*Alain Chergui (close protection),*
*Romain Baron (close protection),*
*Bjorn Norf (close protection)*

Si l'on veut que la mort de Sergio ait un peu de sens, l'Iraq doit devenir un grand chantier des droits humains…

Irene Khan
d'Amnesty International

« En 1969 Sergio est revenu à Genève et a entamé sa carrière au Haut Commissariat pour les réfugiés. Très tôt Sergio a compris et assumé la mission élevée des Nations Unies, et particulièrement ses objectifs humanitaires et fondamentalement humanistes. Très tôt Sergio a démontré son courage, se passionnant pour les missions les plus difficiles dans les régions les plus explosives de la planète, obtenant des résultats concrets, usant pour cela de cette autorité qui lui était naturelle car empreinte d'un respect authentique d'autrui… »

Flavio Silveira

*A gauche:*
*le palais de Saddam*

*En bas:*
*De gauche à droite :*
*Doug, des forces spéciales US,*
*Gabriel Pichon,*
*Keven, des forces spéciales US,*
*Romain Baron.*

*En haut : dernière photo de Sergio entouré de son équipe.*

*A gauche : Sergio en plein effort sous un soleil de plomb au Stadium à Bagdad. Calme, esprit du sport : le moyen d'échapper au stress quotidien.*

Une journaliste demanda à Sergio :
--Avez-vous eu des doutes quant à l'utilité de l'ONU à des moments difficiles de votre carrière ?
– Non, je n'en ai jamais eu parce que Churchill disait, et il avait raison, que les Nations Unies ne nous amèneraient jamais au paradis, mais qu'elles nous éviteraient  peut-être d'aller en enfer.

« Et ce téléphone qui sonne encore.
- Il paraît que Sergio Vieira de Mello vient de mourir.
- Pouvez-vous le confirmer?...
D'abord je ne peux pas y croire. Pas lui! Après tout ce qu'il a vécu, tous les risques qu'il a pris. «Sergio est immortel».
Je viens de l'affirmer devant une caméra.
Plusieurs jours passent. C'est comme dans un rêve, ...

... devant son bureau en face du mien un bouquet de fleurs, un autre, une couronne, d'autres fleurs, une bougie,
des bougies, la mort se conjugue de toutes les couleurs.
Il ne reviendra pas.
Et pourtant, je ne peux m'empêcher d'utiliser le présent en parlant de lui..."

Annick Stevenson

« Sergio Vieira de Mello » (éditions du Tricorne)

*Il est 16h00 : le cauchemar vient de commencer... derrière les flammes c'est l'horreur .*

(Ces jours-là un document confidentiel indiquait que...)

... les menaces principales émanent des FRL (loyaux à l'ancien régime) et des groupes terroristes : ils organisent, arment et planifient les attaques contre les forces de la coalition.

Les FRL vont continuer à adapter leurs tactiques en fonction des changements opérés par les US.

Les attaques vont continuer contre les forces de la coalition ... l'usage de bombes et de RPG (lance-roquettes) indique qu'il y a bien controle et coordination tactiques.

... Cette tendance dans l'usage de bombes contre les patrouilles et les convois va continuer, vu leur succès contre les véhicules de la Coalition, la facilité de les produire et de les utiliser, liés au faible risque de réaction, et cela dans tout le pays.

« Je me suis demandé quel était son secret. Peut-être la réponse est donnée par ces épistémologistes, qui prétendent que l'on ne connaît que ceux que l'on 'reconnaît'. Les gens voyaient en Sergio l'un des leurs parce qu'ils savaient immédiatement qu'ils le connaissaient parce que lui, Sergio, les connaissait. C'est bien cela, Sergio connaissait les gens, il savait de suite à qui il avait affaire, c'est de là que venait son pouvoir de séduction, et c'est ce pouvoir de séduction qu'il a mis à profit pour mener sa grande aventure, celle de dire aux gens qu'il y a autre chose dans la vie que la haine et le désespoir, que rien ne vaut la dignité et la liberté.

Flavio Silveira
(extrait du livre de G.Gordon Lennox et Annick Stevenson)

*En haut : Les recherches continuent. Sergio est toujours sous les décombres.*
*En bas : L'attentat fut dévastateur en ce jour du 19 août 2003.*

*Les corps sont posés sur les civières en attente des hélicoptères qui devront les transporter à la morgue militaire près de l'aéroport de Bagdad.*

*Ce qui reste du bureau de Sergio au 2ème étage de Canal Hôtel.*

*Sergio mort repose à mes pieds. Il vient d'être remonté après beaucoup de difficultés.*

Pourquoi Sergio ?

Au fond, pourquoi Sergio ? Pourquoi les Nations Unies, qui oeuvrent pour les droits humains, les réfugiés, le développement, les femmes, les enfants, la paix ? Pourquoi les ONG, pourquoi les journalistes ? Pourquoi sont-ils, et nous avec, assimilés à l'ennemi dans cette guerre sourde et aveugle qui n'ose pas dire son nom ? Qu'est-ce qu'il faisait à Bagdad, lui en qui tellement de défenseurs des droits humains avions fondé tant d'espoirs ? Parce qu'il représentait un symbole? Parce qu'il a osé marcher, tête nue dans la rue, à côté des dignitaires d'un pays pas encore sorti de la guerre ? Parce qu'il a osé refuser la protection de la 'puissance occupante' ?

George Gordon-Lennox
(extrait de « Sergio Vieira de Mello – un homme exceptionnel »
Editions du Tricorne)

*Triste fin pour des voitures UN neuves.*
*L'état des véhicules montre l'ampleur de l'explosion.*

*En haut : Je sors de l'hôtel Cedar pour partir à la morgue. Le costume que je tiens dans la main est celui que Sergio portera sur son lit de mort.*
*En bas : Avec émotion et tristesse, nous le transportons vers l'avion militaire brésilien.*

réponses sont floues. Il est dans un état semi comateux et ses réponses à mes questions sont de plus en plus vagues. Au-dessus de nous, j'entends les militaires creuser et parler. Des débris tombent dans le peu de surface respirable que nous avons.

Si au-dessus de nous les blocs de béton les plus lourds lâchent, c'est fini pour nous. Jeff et moi, nous nous regardons sans cesse et comprenons qu'à tout instant cela risque de s'effondrer. Mais pas le temps de penser à la mort, à la peur, seule l'envie de sortir Sergio de ce bourbier compte.

Un bloc de béton repose sur ses deux jambes, couvertes de plaies et saignant beaucoup. Le bloc de béton agit comme un garrot mais il perd beaucoup de sang. Le dessus de son pied gauche est à vif et j'aperçois les tendons de ses doigts de pieds. Il perd du sang derrière la tête et par les oreilles. Son regard est obscur, je sens la mort arriver.

Je n'ai pas d'eau Si seulement j'en avais je pourrais lui en mettre simplement un peu sur les lèvres pour que cela lui fasse du bien. Jeff et moi nous voulons le sortir de cet enfer à tout prix, mais les moyens sont rudimentaires.

Nous ne devons compter que sur nous. Le regard de Jeff me suffit pour comprendre que c'est presque la fin.

-Je t'en supplie Sergio, reste, ne t'en va pas, je suis ton ami.

Un regard profond, noir, qui annonce l'arrivée de la mort...puis le silence, il ne répond plus.

Sergio vient de mourir, près de Jeff et près de moi.

* * *

Une heure après l'attentat, notre samouraï de la paix a rendu les armes…

Mais il faut le sortir à tout prix de là. Après de longues heures sous les gravats, nous arrivons à le sortir de ce bloc de béton. Nous pouvons le bouger et le tirer vers la sortie. Le cheminement est difficile pour le ramener à l'air libre.

Il ne faut pas être claustrophobe pour être ainsi sous des tonnes de béton. Pour remonter le corps au deuxième étage, une corde a été prévue. Mes mains sont remplies de sang, de son sang, mais je le tire, par moments, sans ménagement. L'air est irrespirable et l'odeur de la mort est omniprésente.

Par moment, nous entendons le béton se fendre comme un parquet qui craque. Au bout d'un certain temps, nous arrivons à hauteur de la corde et nous l'attachons sous les aisselles afin de le remonter. Pour moi, le plus dur est fait, la sortie est proche. Cela fait plus de quatre heures que je suis sous des tonnes de béton et penser que la sortie est là, tout près, me rassure.

Pourquoi le faire sortir par le deuxième étage ?

C'est la seule solution pour éviter la presse et les curieux. Arrivés vers la sortie, les militaires américains sont là avec une civière. Nous le déposons doucement dessus. Les militaires veulent l'emmener. Je dis :

-Stop ! Personne ne le touche, personne ne le transporte, seulement sa garde rapprochée, sa garde prétorienne, tels les gladiateurs qui emmènent leur chef à la rencontre des dieux.

Je demande que la voiture UN 1 soit préparée devant l'entrée principale du bâtiment et que les sièges soient baissés afin d'y mettre le corps.

Il est 21h30, il est là près de moi et je n'arrive pas à croire qu'il est mort. Tout doucement, nous le descendons par les escaliers jusqu'au véhicule. Arrivé devant le hall de l'entrée, le corps est mis pour la dernière fois dans sa voiture officielle UN 1. Une voiture de la police irakienne est là, ainsi qu'un véhicule militaire américain. La morgue est près de l'aéroport, le secteur le plus risqué possible. Je demande à Josef, notre collègue de New York, de passer côté passager avec un MP5.

Son chauffeur est prêt au volant et moi, je monte derrière avec Sergio. Je sais que Romain est parti à l'hôpital italien pour se faire soigner et que je le retrouverai plus tard.

22h15. Nous quittons Canal Hôtel à vive allure en direction de l'aéroport. Il est près de moi et, à chaque virage, son bras vient toucher le mien.

A un moment donné, je crois qu'il est vivant, je sens sa présence dans la voiture. Par moments, je pose ma main sur son visage et une haine contre les barbares qui ont commis cet acte, contre ce grand homme respecté de tous m'envahit. Après une heure de trajet à vive allure, nous arrivons à la morgue militaire américaine. J'entends le va-et-vient des hélicoptères Apache qui arrivent en statique à côté de la morgue et jettent des sacs plastiques noirs à une hauteur de deux mètres, contenant les corps des victimes de l'attentat. Deux soldats US prennent ces sacs et les emmènent dans une toile de tente de l'armée.

Je comprends que la morgue est là-bas. En rentrant dans cette tente, je voisquinze cadavres sont allongés sur des lits picots. Cette situation paradoxale me rappelle les films que j'ai pu voir sur le Vietnam. Un sous-officier de l'armée vient me trouver pour me demander ce que je veux.

Dans mon anglais de base, j'arrive à lui dire que mon boss est mort, qu'il est dans la voiture dehors, et je cite son nom.

Immédiatement, il me dit de le mettre sur ce lit à côté des quinze autres corps. Dans un plastique mal fermé, j'aperçois Fiona. Il y a aussi des corps irakiens, certainement des fonctionnaires locaux. Nadia n'est pas là, mais Jean Selim, lui, y est. Un des soldats s'approche de Sergio. Il a dans les mainscun petit sac en velours fermé par une petite cordelette.

Il commence à faire l'inventaire des affaires personnelles de Sergio. Une montre, des chaînes, de l'argent, enfin tout, puis il demande son nom afin de faire la déclaration de décès. Après avoir effectué cette démarche, il remet le corps de Sergio dans un sac plastique noir et le transporte dans un container frigorifique où d'autres corps sont déjà entreposés.

Pour l'instant je ne peux plus faire grand chose pour lui. J'ai repéré un dispensaire médical américain juste à côté de la morgue.

Je décide donc d'aller voir si des fonctionnaires ne sont pas blessés et en attente de soutien moral. En rentrant sous une toile de tente, je note que l'activité médicale est intense, et sur une civière j'aperçois Mona. Elle est blessée à la tête et les chirurgiens militaires US sont en train de lui recoudre le front. Un éclat de projectile lui a fait un trou de la grosseur du pouce. Elle est consciente et courageuse car simplement sous anesthésie locale. Tout cela après avoir subi un attentat aux effets dévastateurs…Son mari est là à ses côtés pour la soutenir. Quand je la vois, nous échangeons un large sourire.

Elle me pose quelques questions sur Sergio, Carolina et le reste de l'équipe. Je reste une heure à son chevet, mais je dois rentrer sur Bagdad pour aller chercher un costume et quelques affaires de Sergio, afin de le préparer pour une éventuelle visite de personnalités.

Rapidement, nous lui choisissons une chemise, une cravate, un costume, une paire de chaussettes et une paire de chaussures.

Dans la voiture, je lui fais un rapide récit de la situation.

Il écoute attentivement comment est mort Sergio, puis l'aéroport avec les hélicoptères, Mona blessée.

Il me raconte comment il a fait la belle de l'hôpital italien.

Arrivés à la morgue, nous allons voir l'officier responsable pour lui dire que nous venons pour préparer Sergio. Il va dans le container frigorifique contenant des sacs plastiques noirs et, sur chaque sac, un nom.

Deux soldats sont avec lui, il prend le sac noir et le pose sur un lit militaire que l'on appelle « lit picot ». Mon cœur bat fort, car de le revoir me fait de la peine. Ils ouvrent et enlèvent le sac puis se mettent sur le côté.

Romain et moi, nous nous regardons et, avec délicatesse, nous commençons à lui laver le visage.

Pour mettre son costume, nous devons découper sa chemise et sa veste par derrière. Il est trop abîmé pour les lui mettre normalement. Encore une fois, il y a du sang sur nos mains mais il faut l'habiller. Nous n'étions pas venus pour ça en Irak, mais pour aider le peuple irakien à se reconstruire. Les larmes sont présentes, mais nous devons être forts pour notre Samouraï de la paix.

Une fois prêt, Romain, qui a ramené un chapelet de Lourdes, le lui met dans la main en lui disant adieu.

Puis ensemble autour de lui, nous prions pour lui et nos collègues tragiquement disparus dans cet attentat. Romain demande à l'officier américain de bien vouloir faire venir un prêtre pour cet après-midi afin qu'il le bénisse autour de ses amis.

Voilà Sergio, qui a été un remarquable serviteur de l'humanité, toujours prêt à soulager les souffrances de tant d'hommes et de femmes en les aidant à régler leurs différends et à reconstruire leur société déchirée par les guerres. Lui qui a travaillé sans cesse pour aider le peuple irakien à reprendre le contrôle de son propre destin et à construire un avenir de paix, de justice et de totale indépendance.

Pourquoi l'avoir assassiné lâchement ?

Pour moi, ceux qui l'ont tué ont commis un crime, non seulement contre les Nations Unies, mais aussi contre l'Irak.

Nous repartons sur Bagdad encore une fois, pour aller chercher Ghassam Salame et Carolina, afin qu'ils puissent voir le corps.

À l'hôtel Cedar, les fonctionnaires sont sous le choc, ils préparent tous leur départ d'Irak. L'ordre a été donné du quartier général de New York. Romain et moi, nous n'avons pas le temps de penser au départ. Je dis à Ghassam Salamé que Sergio est prêt et que nous pouvons aller le voir.

Nous roulons à vive allure pour rejoindre la morgue. Arrivés devant la tente militaire américaine où Sergio repose, je demande à Ghassam, son attaché politique, à Carolina, Shabow, l'assistante de Ghassam, à Romain et à moi d'être forts devant les images que nous allons voir. Pour dire un ultime adieu à notre samouraï de la paix, je demande à tout le monde de se donner la main et ensemble, nous disons : « Soyons forts devant notre chef ».

Une fois à l'intérieur, il est là en train de dormir devant nous.

Les environs de l'hôtel Cedar sont bouclés par les chars américains. Les hélicoptères Apache n'arrêtent pas de tourner au-dessus de nous.

Nous, nous sommes en train de préparer nos bagages et ceux des personnes disparues. Les affaires de Sergio doivent repartir avec nous sur Genève, mais pas celles de Jean Selim, ni celles de Nadia ; voilà les consignes qu'on a reçues de nos supérieurs.

Je n'ai qu'une envie, c'est de repartir à Canal Hôtel pour comprendre, et savoir comment l'explosion a eu lieu.

Et puis les valises peuvent attendre !

Je demande au chauffeur de m'emmener à Canal Hôtel.

Arrivé sur les lieux, je me rends réellement compte des dégâts causés par l'explosion. L'armée américaine procède au déblaiement des gravats. Je n'ai pas de nouvelles de Nadia, cette princesse égyptienne, notre général au grand cœur. Elle faisait preuve d'une efficacité et d'un sens politique remarquables. Accueillant en son cœur toutes les peines, tous les doutes, toutes les craintes qui nous étreignaient et les chassant de son rire rauque, de sa tendresse méditerranéenne.

La collaboratrice de Sergio est-elle vivante ou morte ?

J'allais le savoir rapidement car des soldats américains venaient de découvrir un corps.

Peu de temps après, je peux identifier la personne et je lui dis : « Paix à ton âme ». Je suis à l'endroit même où le véhicule a explosé, un cratère énorme de dix mètres de diamètre confirme que la charge d'explosif était importante et témoigne de l'ampleur du désastre. La façon dont le véhicule a été positionné était faite pour tuer un maximum de personnes. Je ne peux que constater l'ampleur des dégâts car la déflagration a été violente. Le véhicule, un camion bétonnier bourré d'explosifs, s'était placé juste au-dessous du bureau de Sergio.

Preuve que la cible était bien lui !

Que des informations avaient bien filtré de l'intérieur à l'extérieur !

J'avais une petite idée sur les informateurs. Pour moi, l'objectif n'avait pas été choisi au hasard.

Les premiers éléments de mon enquête me laissaient penser que l'attaque avait été minutieusement planifiée. Suivant un mode opératoire similaire à celui de l'attentat contre l'ambassade de Jordanie, à Bagdad, le 7 août 2003, qui avait causé la mort de 17 personnes.

D'après les informations que j'avais eues, un camion identique avait été chargé d'une bombe de 250 kg. Ce véhicule contenait 500 kg d'obus de mortier et de grenades à main. Le premier attentat avait produit des résultats. Pourquoi ne pas le renouveler avec cinq fois plus d'explosifs contre le bâtiment des Nations Unies ?

C'était l'endroit le plus vulnérable et le plus adéquat, sachant que pendant cette période, il y avait des travaux.

Quand je pense qu'un des responsables UN de Canal Hôtel avait pu dire à la presse que l'entrée principale était très bien gardée. Il devait certainement avoir oublié que nous lui avions dit que des anciens des services secrets de Saddam venaient voir le gérant de la cafétéria. J'étais persuadé que les agents de sécurité locaux recevaient des menaces contre leur famille en permanence et devaient donner des informations pour préserver leur famille d'une mort inévitable.

Les informations données devaient concerner le planning journalier du patron. Sachant qu'il n'y avait pas d'autorité irakienne, la puissance occupante se devait d'être responsable de la loi, de l'ordre et de la sécurité dans le pays. Pour moi, elle n'avait pas fait son travail pour bien protéger le bâtiment des Nations Unies.

Il est vrai que nous dérangions, il est vrai que Sergio dérangeait, il est vrai que nous avions notre propre équipe de sécurité, mais une sécurité locale pas fiable et choisie en fonction d'un budget restreint.

Quand je pense que le Lieutenant Peter Rekers avait précisé dans la presse que les Nations Unies à Bagdad avaient fait appel à une compagnie privée de sécurité pour assurer la sécurité autour du complexe. C'était totalement faux et il était tellement facile de dire cela pour se dégager de ses responsabilités en tant qu'officier. En attaquant l'emblème des Nations Unies, l'insécurité allait s'installer et le pire restait à craindre. Entre les idéologues du Pentagone et les irréductibles Irakiens déterminés à semer le chaos, l'avenir de l'Irak allait avoir des jours sombres. Je me rappellai d'un entretien que j'avais eu avec Sergio après une bonne séance de sport où il me disait :

-Je suis ici pour aider le peuple irakien et il ne va pas vivre derrière des rouleaux de barbelés. Je sais que nous sommes une cible vulnérable pour tous ceux qui voudraient frapper notre Organisation.

Nous sommes dans une situation étroite qui comporte un double risque. D'un côté, celui de devenir une simple annexe des Américains et de l'autre, celui d'une confrontation stérile. Dans un cas comme dans l'autre, cela nous conduit à une impasse.

Pour lui, une seule solution : l'armée s'en va, le peuple irakien met en place un gouvernement et les Nations Unies lance une grande campagne humanitaire avec comme ligne de conduite le respect des Droits de l'homme dans le pays.

Après cet entretien, je m'étais posé cette question : avait-il eu vent de certaines menaces contre lui ou l'Organisation ?

Mais une chose était sûre, si Sergio avait été au courant des menaces qui pesaient sur les Nations Unies, si une proposition de la coalition lui avait été faite, en aucun cas il aurait refusé l'aide de l'armée, non pour lui car il était en permanence sur un terrain miné, mais surtout pour les fonctionnaires qui travaillaient à Canal Hôtel.

Sur place, je retrouvai également l'équipe de sécurité de Sergio. Tout le monde était vivant et n'avait que des blessures bénignes. J'étais content de les revoir tous sains et saufs. Une chose était sûre, jamais encore les terroristes n'avaient frappé aussi fort en Irak. Auparavant, les attaques quotidiennes concernaient uniquement les infrastructures pétrolières et économiques ainsi que les forces de la coalition.

Je suis rentré dans Canal Hôtel et j'ai commencé à fouiller les bureaux du deuxième étage. J'ai pu retrouver des sacs à main, de l'argent, des tas de choses qui devaient appartenir aux fonctionnaires soit blessés soit morts. Le secteur était devenu une caserne militaire car l'armée américaine avait déployé un nombre important de militaires, de chars et d'hélicoptères Apache.

J'avais envie de prendre une bonne douche et de boire une bonne bière. Deux jours sans se laver, manger et boire, j'en avais vraiment besoin. Sachant que je n'avais plus rien à faire ici, je décidai de rentrer à l'hôtel Cedar.

Arrivés à l'hôtel, nos collègues spécialisés de l'ambassade de France étaient là, venus prendre de nos nouvelles. Avec une bonne bière, nous avons parlé de l'attentat et nous nous sommes rappelés l'entretien que nous avions eu ici sur des groupes terroristes, quelques jours auparavant. On nous avait dit de faire très attention à nous. Les informations que nous avions de « Libellule » étaient donc bien vraies.

Mais pourquoi nous ? Pourquoi l'organisation ?

Nous savions que le lendemain, une cérémonie devait avoir lieu à l'aéroport. Après cela, nous devions rentrer sur Genève dans un avion militaire brésilien gracieusement affrété pour cette occasion par le Président Lula Da Silva. Les valises étaient prêtes, celle de Sergio également et le lendemain matin, le point de départ pour l'aéroport était fixé à Canal Hôtel.

Je pouvais me reposer un peu tranquillement dans ma chambre. Cette chambre d'hôtel était devenue bizarre, il y avait une atmosphère lourde. Romain et moi sentions la présence de quelqu'un. Peut-être Jean Selim, Sergio, Nadia, je ne sais pas mais j'en étais sûr.

Le moindre bruit déclenchait chez nous une réaction agressive. Nous étions hyper tendus et très nerveux au niveau de la gâchette.

Les hélicoptères Apache passaient régulièrement au-dessus de notre hôtel, avec leurs phares qui éclairaient tout le quartier. Puis c'était au tour des chars américains qui changeaient de position toutes les deux heures. J'étais fatigué, Romain aussi, mais impossible de dormir. Puis les images de l'attentat défilèrent dans ma tête. Mes oreilles n'arrêtaient pas de siffler.

Je n'arrivais pas à comprendre pourquoi !

J'étais vivant et les autres morts. Une certaine culpabilité apparaissait de plus en plus, cela me faisait peur.

Le matin du 23 août, j'étais sous la douche et pour moi, rentrer sur Genève et revoir ma femme et mes enfants me donnait une énergie étonnante, après une absence de sommeil pendant pratiquement quatre jours.

Dans le hall de l'hôtel, les bagages s'entassaient, classés en deux catégories. Un tas pour Genève, c'est-à-dire les miennes, celles de Romain et de Sergio. L'autre tas devait partir sur Amman en Jordanie. La matinée était prévue pour cela. Vers 11h30, les chauffeurs étaient là pour nous emmener vers Canal Hôtel. Les véhicules étaient en surcharge. Je cherchais Romain. Il était à la réception de l'hôtel en train de parler au directeur en arabe. Je me suis approché de lui et il m'a dit de ne pas l'interrompre. D'un clin d'œil discret, il me dit : « Je négocie. »

Quelques minutes plus tard, il vint me voir et me dit :

-On peut partir.

Je lui dis :

-Et la note de l'hôtel ?

-Elle est payée et ne te fais pas de soucis.

Étonné et gêné, je lui dis : « On y va. »

Nous voilà partis en direction de Canal Hôtel. Dans la voiture, une chose me taquinait, c'était de savoir comment Romain avait fait pour payer l'hôtel.

Il rigolait tout seul.

C'était un peu comme au centre de commandement américain, où on dérobait des rations et de l'eau à la barbe des soldats US et on mangeait à la cafétéria US. Le tuyau avait été donné à nos collègues spécialisés de l'Ambassade. Eux aussi allaient se servir sans gêne et faire le plein gratuitement, comme au supermarché.

Donc pour l'hôtel, il devait savoir des choses sur le directeur pour qu'il nous laisse partir comme cela…

La cérémonie à l'aéroport était à 14h30, mais nous devions faire une petite répétition avant. Les bagages étaient dans une toile de tente avec nous, il était 12h30. Mon téléphone portable se mit à sonner et l'appel venait de Genève. C'était mon chef. Sans me demander si nous allions bien après avoir passé pratiquement quatre jours sans dormir, sans même nous féliciter pour le travail accompli pendant cette mission, il parla uniquement de l'inventaire des affaires de Sergio. C'était la seule chose qui comptait, le reste n'avait pas d'importance.

Je dis :

-Monsieur, avec tout le respect que je vous dois, il est 13h00 et nous devons partir sous peu à l'aéroport. Il est trop tard pour l'inventaire.

Il me répéta :

-Je vous donne l'ordre de faire cet inventaire et de bien vouloir noter les moindres effets personnels.

-Ok Monsieur, c'est vous le chef, nous allons procéder immédiatement à cet inventaire. Puis j'ai raccroché.

Romain me regarda et me demanda ce qui se passait.

- Le chef veut que je fasse l'inventaire des affaires de Sergio. Romain était comme moi fou de rage. Faire l'inventaire des affaires intimes de Sergio, cela nous démontrait qu'il n'avait aucun respect pour eux. La tâche était difficile, je considérais cet ordre comme un viol et un non-respect total de la personne. Le peu de temps de tranquillité que nous avions, nous allions le passer sous une toile de tente où la chaleur était insupportable. J'avais besoin d'aide, je fis appel aux chauffeurs et sous une chaleur torride nous avons commencé à énumérer une par une les affaires personnelles de Sergio.

Nous étions gênés, Romain et moi, d'exécuter un ordre bête et idiot. Il n'avait qu'à le faire faire par d'autres personnes que nous. Nous avions trop de respect pour lui et je ressentais cela comme un manque de respect, une violation. J'avais du dégoût et de la haine en même temps contre les personnes qui avaient donné cet ordre. Toutes ces choses que Sergio avait emmenées avec lui. Des souvenirs personnels que personne, à part sa famille, ne pouvait toucher, j'avais honte.

Une pensée pour dire : « Excuse-moi Sergio de salir tes souvenirs et si tu me regardes de là-haut, pardonne-moi. »

Une fois l'inventaire terminé et enregistré, c'était l'heure de partir à l'aéroport. Je repris la route de l'aéroport pour la dernière fois. Nous roulions sans pare-brise car le peu de véhicules en état de marche que nous avions étaient pratiquement tous ainsi. Sur la route, l'air chaud accompagné de petits grains de sable nous brûlait le visage.

Nous sommes arrivés à l'aéroport. Les militaires américains nous demandèrent d'aller directement sur le tarmac.

Proche de nous, un avion de l'armée brésilienne était là. Spécialement affrété par le Président Lula Da Silva pour ramener Sergio sur Genève pour la première étape, puis au Brésil, dans sa région, entre Copacabana et Ipanema.

Sur le tarmac de l'aéroport, la chaleur était insupportable, nous avions dépassé la barre des 50 degrés.

Les autorités commençaient à arriver.

Le nouveau gouvernement était présent et prit place dans la tribune présidentielle. Paul Bremer, l'administrateur américain, venait tout juste d'arriver en hélicoptère. Les journalistes et les télévisions étaient là également afin d'immortaliser cette cérémonie. Il ne manquait plus que Sergio pour commencer. Chaque fois que Sergio était en retard, il s'inquiétait, il ne voulait pas, par respect et par politesse, faire attendre les gens. Mais pour le mettre à l'aise je lui disais : « Ne vous faites pas de soucis, ils savent que les gens importants se font toujours attendre. »

Il se mettait toujours à rire de mes petites phrases dites avec humour et qui permettaient de décontracter l'atmosphère. Au loin, je vis un camion militaire arriver sur le tarmac transportant le corps de Sergio. C'était à nous - sa garde rapprochée - de le sortir et de le poser sur des tréteaux devant les autorités officielles. Nous avions du mal à supporter la chaleur, ma chemise était trempée. Les discours élogieux de diverses personnalités sous une chaleur torride ne pouvaient que nous mettre mal à l'aise.

La cérémonie arrivait à sa fin et nous avons pris le cercueil métallique où reposait Sergio, afin de le mettre dans la soute de l'avion. Au pas cadencé et avec la musique, nous nous sommes dirigés vers l'avion. Le cercueil était lourd car il y avait énormément de glace à l'intérieur pour le conserver au maximum, le plus longtemps possible. Nous avions hâte de le poser, nos épaules souffraient en plus de cette chaleur que l'on ne supportait plus.

Nous avons salué une dernière fois les collègues et les personnes qu'on connaissait en leur disant : « Faites attention à vous ! »

Il était temps pour Romain et moi de monter dans l'avion car les pilotes ne voulaient pas s'éterniser ici. Pour la première fois, je montais dans un avion avec un standing pareil. Il y avait tout pour passer un voyage agréable. Une chambre à coucher luxueuse où le président brésilien s'était certainement déjà reposé. Nous avions un 707 pour nous tout seuls pendant le voyage. Après trois mois de vie difficile, nous pouvions goûter au luxe, à la vie de stars. J'entendis les turbines des moteurs de l'avion se mettre en route. Je regardai à travers le hublot, et les militaires US saluaient. Les civils, eux, levaient les bras vers le ciel.

L'avion militaire brésilien quitta le parking de l'aéroport pour aller se positionner en bout de piste. Nous étions heureux de quitter l'Irak, mais nous aurions préféré finir cette mission dans des conditions moins tragiques. La culpabilité m'envahissait de plus en plus. Je commençais à ressentir les effets du traumatisme psychologique que j'avais subi.

Les moteurs de l'avion tournaient à plein régime, le décollage était imminent. C'était parti, l'avion militaire montait tranquillement dans les airs et prenait de l'altitude. Romain et moi, nous nous sommes regardés, nous étions contents de rentrer chez nous. Nous avons pris notre vitesse de croisière et nous pouvions nous déplacer dans l'avion. Le contact avec les pilotes brésiliens était fantastique. Les échanges de monnaies et d'écussons, étaient de rigueur.

De temps en temps, nous restions dans l'habitacle afin de parler de notre route avec le Commandant de bord.

Après avoir passé l'Afrique du Nord et la Méditerranée, nous survolions l'Italie et nous nous rapprochions à grands pas des Alpes et de la Suisse.

Le syndrome du survivant était là, présent, avec toutes les cartes en main pour que je puisse dire « Adieu » à la vie. Il est selon moi impossible d'expliquer ces sensations de culpabilité que je ressentais. Mon retour ne devait pas sombrer dans la psychose, ni dans la haine, ce serait le début de la fin. Au fond de moi, les coupables sont toujours punis et ils le seront cette fois-ci. Je devais penser à autre chose pour éviter d'avoir des pensées négatives.

L'envie de revoir ma femme et mes enfants et de les serrer très fort dans mes bras était ce qui me permettait de réagir positivement.

Depuis peu, nous étions au-dessus des Alpes et la descente vers Genève s'effectuait. Je commençai à ranger mes affaires, à me refaire un brin de toilette. Romain regardait tranquillement par le hublot le paysage savoyard. Je savais qu'un comité d'accueil nous attendrait à la sortie de l'avion, qu'un cercueil avait été commandé par la mission du Brésil.

L'avion militaire avait sorti son train d'atterrissage et entendre les pneus toucher le goudron et les turbines des moteurs réduire la vitesse de l'avion me réjouissait. Nous atterrissions à Genève, ville internationale de paix et de tranquillité. L'avion se dirigeait tranquillement vers le parking et déjà, par le hublot, j'apercevais le comité d'accueil.

Certains de nos collègues étaient là, prêts à nous soutenir moralement. L'avion venait de couper les moteurs et l'échelle s'était positionnée vers la porte.

À la sortie de l'avion, les premières paroles furent des félicitations sur le travail qu'on avait fait là-bas.

-Bravo, nous sommes fiers de vous ! nous dit M. Juppin de Fondaumière.

Dans ma tête, je pouvais leur dire :

« Vous pouvez ! Car nous avons fait du super boulot. J'espère que vous en serez reconnaissant car les risques que nous avons pris pendant et après cet attentat relèvent de la bravoure et de l'héroïsme, sans vouloir me vanter. »

Pendant le temps de ces retrouvailles, les pilotes avaient ouvert la soute à bagage pour sortir le corps de Sergio. Je pris la décision d'aller voir « Papy », notre Capitaine.

-Bonjour, Papy !

-Salut mon ami, me répondit-il.

-Ma famille est là ?

-Oui, ta femme et tes femmes t'attendent dans le salon V.I.P.

-Papy, que va-t-on faire maintenant ?

-Nous allons sortir le corps de l'avion, l'emmener dans une pièce et le sortir de cette boîte métallique pour le mettre dans le cercueil. Puis il va être préparé pour que sa famille puisse le voir.

Le cercueil était près de nous sur un chariot à roulettes, prêt à être emmené. La pièce où nous devions préparer Sergio était située à quelques mètres. Arrivé à l'intérieur, des fleurs, beaucoup de fleurs pour un dernier hommage à Sergio.

La boîte métallique où reposait Sergio était extrêmement lourde.

Posté à côté du cercueil pour le transvaser plus facilement, l'angoisse de le revoir m'envahissait. Le couvercle fut enlevé et à l'intérieur des sacs de glace étaient posés sur son corps, afin de le conserver au maximum.

J'avais pitié pour lui !

Lui, ce grand homme, finir dans une boîte métallique en signe de remerciement, je ne pouvais pas le concevoir.

La vie est vraiment instable. Elle peut être magnifique et excitante, tout autant qu'horrible et vide. Mais comme toute chose, il y a un début et une fin. On a tous connu ça… Des périodes sans problème où l'on rit à tort et à travers, des périodes où chaque matin vous vous dites « Pourvu que ça dure »… Mais malheureusement, le bonheur a une fin, place à la souffrance ; souvent celle-ci ne prévient pas quand elle arrive…

La souffrance, tout le monde en fait l'expérience, pas de la même façon certes, mais on l'a rencontrée. Je me sens tellement vide que je pourrais rester des heures à fixer le visage de Sergio, à réfléchir sur le sort de son existence, pleurer comme une madeleine à me répéter : « Pourquoi lui ? »

Souvent on dit : « L'espoir fait vivre », mais qui fait vivre l'espoir ? Certainement pas des expériences comme celle-ci.

Nous étions tous prêts à transvaser le corps dans le cercueil en chêne, garni de dentelle brodée.

C'était la dernière demeure de ce héros de notre temps, de cet expert des après-guerres chaotiques, lui qui avait connu une fin tragique.

Mon collègue, Olivier Jaguenaud, était près de nous. Romain, moi et trois personnes des pompes funèbres avons sorti le corps pour le placer dans le cercueil. Olivier, après avoir entraperçu le visage de Sergio, eut un regard pétrifié. Un regard qui laissait échapper une expression de dégoût à l'encontre de ces barbares qui avaient commis cet acte de lâcheté.

Le personnel de la morgue commença son travail qui consistait à donner à Sergio une mine plus acceptable afin que la famille ne soit pas choquée. Maquillage, minerve pour lui remonter la tête, il était bientôt prêt. Il avait le costume dont Romain et moi l'avions habillé à la morgue américaine à Bagdad.

Nous devions lui mettre un petit coussin sous la tête, car il avait du sang qui coulait encore. Le maquillage ne pouvait pas changer son regard, qui exprimait une déchirure, une blessure qui ne se refermera jamais. Un mal qui restera en lui : avoir perdu l'envie de vivre, l'envie de survivre. Ses yeux qui s'en vont, à jamais attirés vers le ciel, à jamais. Son corps et son âme meurtris d'avoir défendu une juste cause : apporter du bonheur aux gens.

Je devais rester avec Romain, près du cercueil, pour recevoir la famille. L'attente était interminable, encore une épreuve difficile à surmonter. Puis j'ai vu rentrer la famille de Sergio, Annie, Adrien et Laurent. Il y avait une profonde peine dans leur regard, pour rendre hommage et dire un dernier adieu. Nous étions à côté, sans rien dire, avec tout le respect que nous avions pour eux.

Immédiatement, j'ai senti qu'ils n'étaient pas au courant que Romain et moi étions à ses côtés à Bagdad.

L'atmosphère était lourde, les gens se regardaient sans un mot, le regard laissait passer un message de révolte, de haine et d'incompréhension.

Chaque personne de la salle s'est recueillie devant le corps de Sergio, avec une pensée pour toujours à l'homme que l'on a aimé, adoré, adulé.

Puis le personnel funéraire refrema le cercueil et, un court instant, j'ai pu lui dire : « Adieu sur terre mais pas dans mon cœur. » La famille et les invités sont repartis sous des larmes de douleur.

Le bus était là pour emmener Romain et moi à la rencontre de nos familles. J'avais hâte de les retrouver.

Je savais que nous revenions de loin, que nous avions frôlé la mort. Sortis du bus, nous nous sommes dirigés vers le salon V.I.P. Nous étions à quelques mètres de nos familles. Pour Romain, cela faisait quelques jours qu'il ne les avait pas vus, peut-être que l'émotion n'était pas aussi palpable, mais pour moi plus de deux mois d'absence, c'est long.

Je rentrai dans la salle et, devant moi, mes trois enfants se donnaient la main, mon épouse à côté d'eux, émue. Mes enfants pleuraient de joie de me retrouver et de savoir que je n'avais rien. Ils me serraient tellement fort que je ne pouvais pas me détacher d'eux pour pouvoir embrasser mon épouse.

Mes amours, je suis là près de vous, je vous aime !

J'étais en route pour la maison et je pensais à ce qui m'attendait dans les jours à venir.

Avoir quitté un milieu hostile où l'insécurité règne en permanence et me retrouver chez moi en toute tranquillité, le changement était trop brutal. Dans la voiture, Sandrine me dit que le jour de l'attentat, les deux premières personnes qui l'avaient appelée étaient Christian Diot, un collègue du Palais Wilson qui, immédiatement après avoir regardé les images de l'attentat à la télévision, a dit à Sandrine :

-Je te promets, il est vivant, je l'ai vu à la télé !

Et Stéphane, le parrain de ma fille Samantha, qui a téléphoné une bonne vingtaine de fois avant que j'arrive sur Genève pour prendre des nouvelles de ma famille.

2 heures du matin et je ne dors pas. Les images de l'attentat défilent devant moi. Une obsession me pèse, le fait d'être vivant et les autres morts. Je n'arrive pas à admettre cette situation. Cette envie de les rejoindre est constante.

Le syndrome du survivant me gagne...
L'envie de mourir, une forte envie de partir...
Fuir loin de tout cela, en oubliant que ça ferait souffrir...
Le besoin de s'évader, l'envie de renoncer, arrêter là mon destin.
J'ai en moi une blessure comme une grande déchirure...
Une plaie qui ne se refermera pas, un mal qui reste en moi...
Mon espoir s'enfuit, que faire, je ne sais plus... Je suis perdu !!

Ce sont des pensées égoïstes car il y a des gens autour de moi qui souffriraient de ma disparition... Comment répondre à mes questions, sûrement pas en fuyant, sûrement pas en disparaissant... Je pense aux personnes que j'aime. Il me faudra régler mes problèmes avec eux, grâce à eux.

Il serait pourtant facile pour moi de stopper ma vie, mon arme est près de moi. C'est comme l'envie de fumer ! Le paquet est près de vous et vous avez décidé d'arrêter. Vous le regardez en disant :

Je fume, je ne fume pas ? Pour moi la question est différente !

Je pars ou je ne pars pas ?

Les larmes coulent le long de mes joues, je suis triste. J'ai mal à la vie et je frôle la folie. Je cherche un regard dans cette grande maison, mais je suis dans le noir.

Perdu dans les souvenirs de ma vie.

Je me mets à rêver que je suis entouré de gens qui m'aiment. Mon subconscient me dit de ne pas perdre la raison… Mais qui suis-je pour ne pas avoir été tué dans cet attentat sauvage et cruel ? Toutes mes pensées se contredisent et je suis sur un fil qui est prêt à rompre. Un oui, un non, un oui, un non, voilà dans ma tête ce tourbillon. Sans cesse, les pensées s'affolent de-ci de-là. Mon esprit est flou et plein, trop plein de pensées, de tout, de rien… Les questions tourbillonnent dans ma tête comme le vent en pleine tempête. Je n'ai pas de réponses à tout cela, donnons du temps au temps et peut être que cela s'arrangera…

Pitié, mon Dieu !

Aidez-moi, je vous en supplie !

J'aime ma femme et mes enfants !

Ne me laissez pas tomber, j'ai tant besoin de vous.

4 heures du matin et le sommeil n'est pas là…

Qu'il arrive ! Que je puisse fermer les yeux un moment. A cause de tous ces petits et mauvais esprits qui m'entourent, le sommeil ne frappe pas à la porte. Les heures passent, le jour se lève et je n'ai pas dormi.

Une bonne douche, un bon café pour reprendre mes idées et voilà la journée qui commence.

Le 24 août au matin, le téléphone n'arrêta pas de sonner, entre l'administration des Nations Unies pour la préparation de la cérémonie, la presse qui cherchait des interviews, les amis qui venaient aux nouvelles et la famille, c'était beaucoup de choses à gérer. La première chose que l'on me demanda fut de faire une visite médicale de contrôle.

Pourquoi pas ! Parler avec un docteur pouvait déboucher sur quelque chose de positif.

Le service médical était basique et ne possédait aucune structure pour parler de ce problème. Ils n'étaient pas psychologues et ne pouvaient pas comprendre ce que je ressentais. J'expliquai que j'avais des douleurs qui partaient de la tête et qui descendaient jusqu'aux reins, que mes oreilles sifflaient et qu'il me semblait que je n'entendais plus comme avant. Le médecin m'écouta attentivement et me prescrit un IRM, un suivi psychologique et un examen approfondi, dans un service d'Oto-rhino-laryngologie et de chirurgie Cervico-faciale.

Pour moi, le plus important c'était le psychologue, car Sandrine mon épouse, s'était aperçue de mon changement.

Elle sentait que je n'étais plus le même. Mon regard était très évasif vis-à-vis d'elle. Pour moi, elle devait assister à cette consultation afin qu'elle aussi puisse parler au psychologue.

Nous étions à l'hôpital, ma journée du 25 août était consacrée aux consultations en tout genre. Mon épouse et moi étions dans le bureau de la psychologue, une femme assez forte, d'une cinquantaine d'années, charmante, avec un certain charisme.

Elle me demanda ma profession puis de lui raconter ce que j'avais vécu. Sandrine était près de moi à l'écoute du moindre mot.

La psychologue, après m'avoir écouté, me demanda si, depuis cet attentat, je m'étais réfugié dans l'alcool ou d'autres substances illicites.

Je lui dis que non et que ce n'était pas dans mes objectifs futurs. Elle se sentit rassurée et posa une question à mon épouse.

-Comment avez-vous ressenti ce drame ?

-Avec beaucoup de tristesse, de compassion et d'amour pour mon mari. Mais depuis qu'il est revenu, il n'est plus le même. Il est bizarre dans son comportement de tous les jours. J'ai peur de l'avenir pour lui, pour notre couple et mes enfants.

La psychologue me dit :

-Sachez, Monsieur Pichon que si vous n'êtes pas mort là-bas, c'est que ce n'était pas votre tour de partir. C'est comme si vous circuliez avec des amis en voiture : vous êtes victime d'un accident et voici qu'à l'intérieur tout le monde est mort, sauf vous.

Il ne faut surtout pas culpabiliser, car vous voyant, je pense que vous avez fait le maximum, alors il faut relativiser les choses et prendre moins sur vous-même. Ne pas écouter les rumeurs, les on-dit, vous seul connaissez votre histoire. Nous allons nous revoir assez régulièrement pour parler de tout et de rien. Si cela ne va pas, n'hésitez pas à m'appeler, je serai toujours là pour vous parler.

-Merci Madame et à bientôt !

La matinée s'écoula ainsi à l'hôpital cantonal, entre les entretiens avec cette psychologue et le spécialiste pour les oreilles.

À midi, nous avons décidé de manger au restaurant afin de me détendre un peu. Nous étions tranquillement assis, quand je me suis mis à pleurer comme un enfant.

-Dis-moi ce qui ne va pas, mon amour ? me dit ma femme.

-Je n'arrive pas à croire que je suis ici en train de manger tranquillement avec toi. J'ai tellement été en situation de stress

pendant plus de deux mois que le moindre bruit me fait réagir…
Dans ma tête, je suis encore à Bagdad !

-Nous allons rentrer et tu vas te reposer un peu, cela te fera du bien.

Les préparations pour l'enterrement de Sergio battaient leur plein à Genève. Dans l'après-midi, Alain m'appela pour me dire qu'il serait à Genève pour l'enterrement. Je lui proposai de venir dormir à la maison, car depuis l'attentat, je ne l'avais pas revu avant son départ en vacances, début août. Le téléphone n'arrêtait pas de sonner et cela exaspérait mon épouse. La nervosité se faisait sentir et la tension entre nous deux était présente.

La fatigue, les nerfs, mon état psychologique ne permettaient pas à ma vie de couple de s'épanouir.
Mes enfants ne reconnaissaient pas leur papa d'avant.

Le 26 août, je décidai de me connecter sur Internet afin d'avoir l'opinion de la presse au sujet de l'attentat. Je naviguais sur un site quand, dans la page « actualités » datée du 26 août 2003, je lis un article sur Bagdad qui disait :

Prisonnier des ruines de Canal Hôtel, Sergio Vieira de Mello se souciait encore du sort des autres

Je commencai à lire l'article et les aventures d'un certain réserviste américain qui lui avait parlé, faute de pouvoir le tirer de là. Sergio aurait dit sous les décombres :

-Comment va tout le monde ? Combien de blessés ?

-Pouvez-vous me dire ce qui s'est passé ? Telles étaient les interrogations de Sergio.

-Il faut que les Nations Unies continuent la mission, disait Sergio.

J'étais complètement abasourdi par ces mensonges !
Comment pouvait-on dire des choses pareilles ? Un soi-disant un pompier retraité du Connecticut qui disait dans cet article qu'il

ne connaissait pas ce Monsieur et qu'il ne savait rien de lui, mais qui lui disait :

-Sergio, Sergio, reste avec moi !

Ne t'endors pas, tout va bien.

J'étais très choqué par ces déclarations. Il ne le connaissait pas mais il l'appelait Sergio… Étrange !

Il disait qu'il était monté au troisième niveau. Il n'y avait que deux étages à Canal Hôtel.

J'aurais aimé rencontrer ce militaire afin de faire une table ronde et de le regarder dans les yeux pour lui dire ce que je pensais.

Je pensais plus à une propagande pour que les Nations Unies restent en Irak, qu'à ce soi-disant héros qui salissait le travail de Jeff, du jeune Sergent américain et de moi-même.

J'ai appris par la suite qu'il avait écrit au Secrétaire Général pour lui raconter son héroïsme.

Peut-être recherchait-il une place de travail dans la sécurité à New York ou un quelconque titre honorifique Onusien ?

Qui sait ?

Un autre article de presse disait que le jour de l'attentat, Sergio était en communication avec son secrétariat.

Comment pouvait-on dire de telles idioties !

Comme je l'ai expliqué, Sergio faisait deux choses machinalement le matin en arrivant dans son bureau ; il mettait sa veste contre le dossier de sa chaise et posait son téléphone portable sur le bureau.

Lors de l'explosion, le bureau se situait à quelques mètres du salon ou il était en entretien. Ses secrétaires, à part Line qui était gravement blessée au visage, étaient tous morts !

Tous ces articles me mettaient hors de moi. Comment pouvait-on dire des choses pareilles et aussi mensongères. J'allais de découverte en découverte avec les articles de presse.

Le 28 août 2003, à partir de 19h00, j'étais convié à une célébration en l'honneur de Sergio au Centre International de Conférence pour y faire un discours. Auparavant, un hommage réservé aux fonctionnaires des Droits de l'homme lui était rendu au Palais Wilson, à 16h00.

Ce jour-là, vers 15h00, je suis parti de la maison en direction du Palais Wilson. Revenir sans lui dans ce bâtiment où il avait à peine mis son empreinte me mettait mal à l'aise.

Arrivé vers 16h45, tous mes collègues étaient autour de moi pour me saluer et me féliciter pour mon travail. Je tremblais, j'avais peur d'affronter tous ces gens aux mille questions dans le hall des pas perdus du Palais Wilson.

Je retenais mes émotions, mais l'envie de pleurer était constante. Il fallait que je surmonte cette épreuve avant de rentrer dans le bâtiment. Au loin, j'aperçus Mona, celle qui était sous la toile de tente avec un trou au milieu du visage et qui, pendant que les médecins militaires lui posaient des points, me parlait. Elle était accompagnée de son mari.

Pour moi je l'appelais : « Mona la courageuse ».

Elle avait du cran cette femme !

De nous revoir, c'était la joie !

Nous avons échangé un regard fort et sincère.

Notre sourire de larmes en disait long sur l'expérience que nous venions de vivre !

Ensemble, nous sommes entrés dans le bâtiment et devant nous, une grosse bougie se consumait à côté du portrait de Sergio. Le livre d'or était posé sur une petite table afin que les fonctionnaires puissent se recueillir un dernier instant dans l'écriture.

Devant nous, tous les fonctionnaires étaient là pour rendre hommage à Sergio et pour nous rendre hommage également.

Le discours de Bertie Ramcharan, Haut Commissaire adjoint aux Droits de l'homme, était touchant.

« Sergio Veira de Mello a travaillé pendant 33 ans au service des Nations Unies. Il a œuvré pour la paix et pour que les Droits de l'homme soient accessibles à tous. Dans des situations d'urgence et de conflit, sa diplomatie, son intelligence et sa capacité à créer des liens entre les communautés désunies, sa conception de la paix, de la démocratie et de l'égalité, son espoir pour un monde meilleur manqueront cruellement à l'Organisation des Nations Unies et à tant de citoyens de par le monde. Nous qui avions le privilège de travailler avec Sergio, nous garderons toujours dans nos cœurs le souvenir de son dynamisme, de son charisme, de son sourire et de son sens de l'humour, de sa sollicitude envers autrui et de son sens aigu de l'amitié. »

Il était comme cela Sergio, beaucoup de gens le voyaient comme futur Secrétaire Général des Nations Unies. Il avait tout à fait l'envergure pour assumer ce poste.

Il n'était pas loin de 18h00 et nous devions partir pour une autre cérémonie.

Lorsque nous sommes arrivés, la plus grande salle du Centre International de Conférence était déjà pleine. Mona et moi attendions notre tour pour parler de Sergio, mais aussi des 22 morts et 127 blessés devant tous ces gens. On nous demanda de venir sur l'estrade et de nous approcher du pupitre. L'émotion était forte et les mots n'arrivaient pas à sortir de ma bouche. Mona commença la première, puis mon tour vint. Mon discours fut bref mais fort.

Mes paroles ont été les suivantes :

« Mesdames, Messieurs,

Sergio est mort, c'était notre samouraï de la paix,

Nous étions ses gladiateurs au service de la paix,

## Bon für 1 Gratis-Portionenbeutel

### Sheba® Essensia

– mit Huhn in Sauce, 85-g-Beutel
  oder
– mit Lachs in Sauce, 85-g-Beutel

Bon einlösbar ausschliesslich in Ihrem Coop Supermarkt, in der Lebensmittelabteilung Ihres Coop City Warenhauses und in Ihrem Bau+Hobby Markt vom 26.07.2010 bis 21.08.2010. Bon an der Kasse vorweisen. Nur einmal einlösbar und nicht kumulierbar mit anderen Bons.

## Bon pour 1 sachet-portion gratuit de

### Sheba® Essensia

– au Poulet en Sauce, sachet de 85 g
  ou
– au Saumon en Sauce, sachet de 85 g

Bon à échanger uniquement dans les supermarchés Coop, au rayon alimentaire des Grands Magasins Coop City et dans les Coop Brico+Loisirs du 26.07.2010 jusqu'au 21.08.2010. Présenter le bon à la caisse. Valable une seule fois et non cumulable avec d'autres bons.

## Buono per 1 busta monodose gratuita

### Sheba® Essensia

– con pollo in salsa, busta da 85 g
  oppure
– con salmone in salsa, busta da 85 g

Buono fruibile esclusivamente nei supermercati Coop, nel reparto di generi alimentari dei Grandi Magazzini Coop City e da Coop Edile+Hobby dal 26.07.2010 al 21.08.2010. Presentare il buono alla cassa; utilizzabile solo una volta e non cumulabile con altri buoni.

2 063000 279645

**Gültigkeitsdauer:**
**Valable:** **26. 07. 2010 – 21. 08. 2010**
**Scadenza:**

## Bon für 1 Gratis-Portionenbeutel: Pour 1 sachet-portion gratuit de: Buono per 1 busta monodose gratuita:

### Sheba® Essensia

- mit **Huhn** in Sauce, 85-g-Beutel, oder
- mit **Lachs** in Sauce, 85-g-Beutel

- au **Poulet** en Sauce, sachet de 85 g, ou
- au **Saumon** en Sauce, sachet de 85 g

- con **pollo** in salsa, busta da 85 g, oppure
- con **salmone** in salsa, busta da 85 g

Erhältlich in grösseren Coop Supermärkten und grösseren Coop City Warenhäusern.

En vente dans les grands supermarchés Coop et les grands Coop Citys.

In vendita nei grandi supermercati Coop e nei grandi Coop Citys.

coop

Sheba

Nous partions à son appel aux quatre coins du monde pour que le drapeau des Nations Unies soit celui de la liberté des peuples.

Rendons hommage à ce grand homme qui, pendant 30 ans, s'est battu pour un idéal, son idéal, le respect des Droits de l'homme dans le monde.

Adieu Sergio sur terre mais pas dans nos cœurs, nous ne t'oublierons jamais. »

La cérémonie terminée, je voulais rentrer à la maison me reposer, j'étais fatigué de toutes ces émotions.

*

Romain était en vacances en Bretagne avec sa famille. Il m'appelait deux à trois fois par jour pour prendre de mes nouvelles. Il voulait savoir comment allait se dérouler l'enterrement de Sergio. Je lui ai dit qu'il devrait certainement écourter ses vacances afin d'être avec moi pour la cérémonie finale.

Le secrétaire Général serait là et il nous recevrait en privé au Palais Wilson.

Sachant que le grand patron venait à Genève, Romain me dit :

-Je pars demain matin, dès que j'arrive, je te téléphone.

Le jeudi 28 août 2003, le Secrétaire Général, Son Excellence

M. Kofi Annan était à Genève pour les funérailles de Sergio. Je respectais ce personnage car il connaît parfaitement les rouages du système onusien. Il a gravi les échelons un par un pour arriver à la place de numéro un des Nations Unies. Le respect était de rigueur vis-à-vis de lui, de ce grand homme, humble et à l'écoute des gens les plus défavorisés.

Il était là la veille de l'enterrement au Palais Wilson pour parler avec les fonctionnaires des Droits de l'homme. Après son discours, il nous a rencontrés dans le salon des dames, Romain et moi. Il nous posait des tas de questions, il voulait tout savoir sur Sergio, sur l'attentat et, comment nous gérions ce traumatisme. Nous lui avons parlé comme si c'était notre père et une certaine familiarité s'installa entre lui et nous.

Durant notre entretien, je lui ai parlé de la presse et des tas de choses que l'on avait dit, entre autres qu'il y avait beaucoup de choses inventées pour faire augmenter le tirage et que je trouvais cela choquant.

Je lui ai parlé de ce fameux pompier qui aurait été en contact le dernier avec Sergio. Je lui ai donné ma version des faits et lui ai dit que c'était de la propagande pour faire rester les Nations Unies en Irak. Dans l'état où était Sergio, il était incapable d'avoir une conversation cohérente. Il sombrait dans un état comateux et j'ai été bouleversé d'apprendre ce qu'il disait. J'ai dit au Secrétaire Général que j'étais prêt à rencontrer ce fameux pompier autour de la table afin de mettre les choses aux points.

-Gaby, me dit le Secrétaire Général, veuillez me préparer un rapport circonstancié des faits, adressez-le à Mme Lindenmayer et nous le garderons dans les archives onusiennes à New York.

-Bien Monsieur, cela sera fait.

-Prenez soin de vous et si vous avez des problèmes prenez contact avec moi.

-Merci, M. le Secrétaire Général et à demain pour la cérémonie d'adieu à Sergio.

-Au fait, me dit-il, soyez forts pour la cérémonie de demain, ne vous laissez pas envahir par les sentiments. Une dure épreuve nous attend. Au revoir, Gaby et Romain

-Au revoir, Monsieur.

Cet entretien privé dura trente minutes. Mais pour l'écoute que ce grand homme nous avait apportée, cela valait beaucoup plus.

J'ai pris cela comme une thérapie. Nous avions besoin de compassion, de réconfort.

Je connaissais le Secrétaire Général depuis fort longtemps car à plusieurs reprises j'avais assuré sa sécurité personnelle durant ses déplacements en Europe. Mais le contexte, l'approche étaient différents. Une relation humaine avec ce grand homme venait de voir le jour.

Dans l'avenir notre regard, sa sécurité personnelle seront certainement différents suite à cet entretien. Cela me faisait penser à la relation humaine que j'avais eue avec Sergio.

J'étais heureux de cet entretien, une vraie thérapie pour moi qui en avais vraiment besoin.

Le Secrétaire Général ayant quitté les lieux, je devais aller chercher Alain Chergui au Palais des Nations car il venait d'arriver du Timor qui était sa « duty station », son lieu de travail.

Il dormait ce soir à la maison et nous avions énormément de choses à faire.

Arrivé au Palais des Nations, Alain m'attendait dans les bureaux de la sécurité. Mon vieux compagnon avec qui j'avais lié une certaine amitié, ce vieux « chibani » comme j'avais l'habitude de l'appeler à Bagdad. Cela me faisait plaisir qu'il vienne dormir à la maison et qu'il puisse connaître ma famille.

Nous étions en route pour la maison quand il me dit :

-Il faut que j'achète un costume pour la cérémonie. Peux-tu m'emmener dans un magasin ?

Je suis parti en direction du centre ville pour satisfaire son souci d'être parfait pour la cérémonie de demain.

De retour à la maison, j'avais un message de l'administration me disant de préparer un discours pour la cérémonie de demain. Je devais le prononcer après le discours de Bernard Kouchner. Je savais que Kouchner et Sergio étaient amis depuis toujours.

Il avait remplacé Sergio en 1999 au Kosovo. Je savais que la place de Sergio aux Droits de l'homme lui aurait plue.

Parler dans la salle des Assemblées des Nations Unies après un homme politique qui a la parole facile, devant des centaines de gens, cela ne me réjouissait pas, mais il fallait le faire et assurer au maximum.

Le soir, en compagnie d'Alain et de mon épouse, j'ai commencé à élaborer mon discours du lendemain. Les idées ne venaient pas, j'avais la tête ailleurs. Avec la bonne complicité d'Alain, j'ai pu écrire quelques mots en parlant de Sergio et des membres de l'équipe qui étaient avec lui et qui sont morts là-bas.

Oh, certes, ce n'était pas un discours de politicien, mais il était sincère et profond et puis, ce n'est pas la quantité mais la qualité qui comptait.

Cette journée du 3 septembre 2003 allait être difficile pour moi, car l'inhumation de Sergio devait commencer à la salle des Assemblées au Palais des Nations, puis à l'église St Paul.

La salle des Assemblées était trop petite pour les fonctionnaires qui étaient venus dire adieu à notre ami.

Ma place était située dans le carré de Barbara Hendricks, Mme Annan, Mme Louise Fréchette, Vice Secrétaire Général, le maire de la ville de Genève, Président du Conseil d'Etat et tous les ambassadeurs des missions diplomatiques.

Cette atmosphère pesante me mettait mal à l'aise.

Le regard des gens me faisait mal. Je sentais qu'il voulait dire :
« Pourquoi es-tu vivant et les autres morts ? »
« Pourquoi n'es-tu pas blessé ou mutilé ? »
Je n'en pouvais plus, ce sentiment de culpabilité m'envahissait, je voulais partir loin d'ici.

Une envie forte de me suicider...
Le syndrome du survivant ne cessait de me culpabiliser !
Que faire, s'il vous plaît aidez-moi, je vous en supplie !
J'étais dans un autre monde, mais pas ici à cette cérémonie.

Bernard Kouchner était en train de parler avec une aisance digne d'un grand homme politique. Il citait un par un les noms des membres de l'équipe de Sergio morts à Bagdad et qu'il avait connus au Kosovo.

Cet homme me fascinait par son charisme et sa facilité à parler. Il finit son discours sur Sergio en disant :

« Il était un homme politique engagé à gauche, un militant des Droits de l'homme, un juste. De l'Amérique latine à l'Afrique, des Balkans au Timor oriental, il avait marqué de son élégance et de son charme, de son obstination aussi et de sa fidélité amicale à Kofi Annan, une nouvelle forme de diplomatie de l'ingérence que je considère comme la véritable globalisation des espérances. »

C'était beau, c'était juste, c'était le respect d'un homme politique à un ami trop vite parti rejoindre les autres hommes qui ont marqué ce siècle de leurs empreintes.

Sachant que je devais parler juste après lui, j'étais en situation de stress. Un nœud au ventre, une seule envie, fuir loin, très loin d'ici.

J'étais tétanisé !

Mon nom fut cité pour que je rejoigne le pupitre. Sachant que j'étais un rescapé de cet enfer comme l'avait si bien dit la personne qui s'occupait du déroulement de la cérémonie, les gens me dévisageaient des pieds à la tête.

-Allez, courage ! me dit Bertie Ramcharan, le Haut Commissaire adjoint aux Droits de l'homme. Ma respiration accélérait comme si j'effectuais une course à pied.

Ne pas le montrer, voilà ce que je voulais. Contrôler mes émotions. Un contrôle de soi comme on vous apprend dans les arts martiaux.

Voir défiler derrière moi, sur un écran géant, les photos de mes amis morts à Bagdad n'arrangeait pas la situation. Je savais que mon discours serait bref et que je n'étais pas un politicien mais simplement un homme qui avait vécu une aventure tragique et émouvante avec la chance inouïe d'avoir uniquement perdu 50% des aigus au niveau de l'audition.

J'ai commencé mon discours en remerciant toutes les personnes qui m'avaient soutenues dans ces moments difficiles. Puis j'ai parlé de toute l'équipe comme l'avait fait Bernard Kouchner auparavant, mais avec beaucoup moins de détails et de finesse. Ils étaient tous très attentifs et me regardaient sans cesse. Mon discours terminé, je suis reparti vers ma chaise avec le sentiment d'avoir bien parlé, avec retenue et respect.

Au passage, quelques remerciements de personnalités ne pouvaient que me réconforter. La cérémonie était sur le point de se finir et je devais partir au cimetière des Rois, vers Plainpalais, pour rejoindre la famille de Sergio. Le convoi funéraire devait partir de là-bas et traverser la ville de Genève pour rejoindre l'église St Paul.

Sur place, toute la famille de Sergio était là, le cortège en place, prêt pour le départ. Il ne manquait plus que Sergio, mais les hommes importants se font toujours attendre donc, pour moi, il était pardonné. Il était 15h00 lorsque que le cortège prit la direction de l'église St Paul. Arrivées sur les lieux, 800 personnes étaient là pour rendre un dernier hommage à Sergio. Ses amis proches venus du monde entier et ses collègues des organisations internationales venus pour dire Adieu à l'aventurier de la Paix.

Être là, c'était lui rendre un émouvant hommage.

Dans l'église, sur l'autel, le prêtre avait placé vingt-deux bougies. Chacune portait le nom d'un ami qui avait donné sa vie aux côtés de Sergio. La vingt-troisième, c'était Laurent et Adrien, ses fils, qui l'avaient allumée Elle portait le nom de leur père. L'église s'était remplie peu à peu sous la musique du requiem de Fauré.

Laurent et Adrien ont donné leur message :

« Au-delà de l'indignation, plaçons cette célébration sous le signe de l'espoir et de la fraternité. »

Laurent termina en disant qu'aucun dieu n'encourageait de tels actes.

« Il faut abattre les murs de la haine et de la violence », dit le curé.

Oui, le curé a raison, battons-nous contre la guerre humaine de la haine et de la violence ! Et tâchons de dégoûter les souverains de ces actes barbares. Ne fermons pas les yeux à l'appel au secours des pays en difficulté. Reprenons le flambeau de Sergio, il sera si fier de nous là-haut.

Je sentais sa présence dans cette église, il était près de nous.

Reviens Sergio, nous avons tant besoin de toi. Ta mission n'est pas terminée. Je n'en pouvais plus, je devais sortir de l'église pour hurler, pleurer et faire sortir toutes ces envies de vengeance que j'avais en moi et la haine que j'avais contre ces extrémistes aux méthodes barbares.

Le sentir dans cette boîte et moi, ici, vivant, oh non ! Non ! Je n'en pouvais plus. Une fois sorti de l'église, je pleurais comme un gosse. Les nerfs me lâchaient tout doucement et l'envie du suicide était omniprésente.

Je devais revenir dans l'église car la messe était bientôt finie et je devais porter le cercueil. Romain comprenait mon désespoir et me parlait de choses et d'autres afin de dissiper ma tristesse.

Arrivée à la maison, Sandrine mon épouse me parlait, sans réponse de ma part ; j'étais ailleurs.

Elle sentait que psychologiquement, quelque chose n'allait plus. J'avais changé depuis mon retour de Bagdad. On ne se comprenait pas et, sans me rendre compte, mon comportement mettait mon couple dans une situation très fragile. Depuis mon retour de Bagdad, je n'avais pas eu de repos. Très sollicité pendant ces derniers jours, mon moral était au plus bas.
Ma situation professionnelle et privée n'était pas au mieux.
Le « J'en ai marre de la vie » était en permanence en moi.

Sans que personne s'en rende compte à la maison, je pris dans ma chambre, au-dessus de mon armoire, une mallette métallique. Á l'intérieur, il y avait un revolver, un 357 magnum Rugger GP 100.

Je suis sorti de la maison et je suis rentré dans le garage me mettre à l'abri des regards. Je m'assis sur une chaise, ouvris et refermai le barillet de mon arme. J'étais pris dans un système de non-retour, obnubilé, poussé par l'envie de mettre fin à mes jours. Doucement, sans aucune peur, j'introduisis une par une les munitions dans le barillet de l'arme. J'étais prêt pour l'acte fatidique, cet acte qui allait me permettre de rejoindre Sergio.

Le syndrome du survivant effectuait son travail de destructeur. La culpabilité d'être vivant et personne près de moi pour me dire pourquoi. La mort passe et t'appelle, Adieu ! Tu vas t'enivrer d'un plaisir dangereux.

L'arme était prête, il suffisait d'appuyer pour basculer de l'autre côté.

Mon index était posé sur la détente, doucement je levai mon arme à hauteur de ma tête. J'étais prêt à appuyer quand mon épouse m'appela pour me dire qu'Olivier Bruyère voulait me parler. Sans le savoir, il venait de me sauver la vie. Il m'appelait pratiquement tous les jours pour prendre de mes nouvelles.

D'ailleurs, en dehors de mes amis, c'était le seul !

Pourquoi ?

Peut-être par sympathie ou tout simplement pour renseigner le chef de mes intentions futures. Après ce coup de téléphone, l'envie de me suicider s'était dissipée. Cela confirmait le proverbe qui dit : « La vie ne tient qu'à un fil ».

Le lendemain matin, je pris connaissance de la presse écrite. Dans un journal, la déclaration d'une personne travaillant au même étage que Sergio :

Elle disait qu'elle avait été dans sa chambre pour choisir le costume à envoyer à la morgue de l'aéroport.

C'était encore une déclaration inventée de toute pièce et j'avais du mal à gérer ces déclarations mensongères. La presse relatait-elle vraiment les déclarations de ces personnes ou était-ce simplement pour faire augmenter le tirage ?

Romain était également dans tous ses états.

J'ai demandé une audience à Mme Lindenmayer, l'assistante

du Secrétaire Général afin de lui parler des mensonges lus dans la presse écrite.

J'avais envie, tout comme elle, de faire un démenti rapidement.

Le Secrétaire Général me fit appeler dans sa suite pour parler de tout cela. Je lui ai dit que j'étais prêt à faire un point presse pour démentir. Lui-même me répondit que ce n'était pas nécessaire et qu'il fallait les laisser dire. Par la suite, j'ai compris pourquoi le Secrétaire Général ne souhaitait pas que je fasse un démenti. Il avait créé un groupe d'étude des responsabilités pour la sécurité en Irak.

Ce groupe était chargé de procéder à un audit et à une analyse des responsabilités en agissant de façon indépendante pour évaluer les responsabilités de toutes les personnes et de tous les organismes, bureaux, entités des Nations Unies concernés par la sécurité de l'opération des Nations Unies en Irak.

Enfin ! Romain et moi allions parler librement et de tous les sujets.

Nous avions tellement de choses à dire. Ce groupe devait en particulier examiner les dispositions que le bureau des Nations Unies à Bagdad et son personnel auraient pu ou dû prendre pour prévenir l'attentat, atténuer ses conséquences ou limiter les pertes en vies humaines et les blessures subies par les agents de l'ONU.

Certaines personnes devaient se sentir mal car leurs responsabilités étaient sérieusement engagées dans cet attentat !

Le groupe d'étude était composé des personnalités suivantes : M. Gerald Walzer (Président) que je connaissais depuis le HCR en 1994, M. Sinha Basnayake, M. Kevin Carty et M. Stuart Grôves, que je connaissais également depuis 1998. Cet ancien

Colonel de l'armée canadienne au charisme hors pair allait certainement donner du souci à certains.

J'étais prêt moralement à dire toute la vérité, rien que la vérité, comme dans un tribunal. Nous étions à la mi-novembre 2003 et j'attendais dans un couloir au sixième étage, devant le bureau 611, un des bâtiments des Nations Unies à Genève. Un traducteur français–anglais était présent également.

14h30. La porte de ce bureau s'ouvrit et, devant moi, quatre hommes bardés de papiers et de stylos étaient prêts à m'entendre. Ils savaient que mes déclarations allaient être très intéressantes pour leur rapport.

La première question fut : « dès votre arrivée à Bagdad quelles ont été, au point de vue professionnel, vos remarques sur l'aspect technique – sécurité du bâtiment et sur la protection des fonctionnaires ? »

- Je me suis rendu compte que la mission n'avait jamais été préparée avant l'envoi des fonctionnaires pour une mission aussi difficile. J'ai expliqué qu'une mission préalable aurait dû être dépêchée en Irak pour évaluer les conditions de sécurité, avant le retour des premiers fonctionnaires humanitaires à Bagdad.

Concernant la sécurité des fonctionnaires, personne n'avait de gilet pare-balles. Á la fin de leur service, les bus qui raccompagnaient les fonctionnaires n'étaient pas escortés par des hommes armés.

L'emploi du personnel local sur une mission aussi dangereuse a été une grosse erreur. J'estime qu'il y avait suffisamment d'agents de sécurité entre New York, Genève et Vienne pour couvrir cette mission.

En employant du personnel local, il fallait s'attendre à ce que des informations de sécurité soient divulguées à des sources terroristes. Nous savions que des anciens militaires appartenant aux services secrets irakiens venaient à la cafétéria voir le gérant.

- Sur l'aspect sécurité du bâtiment quelles sont vos remarques ?

- Les critères de gestion de la sécurité appliqués à l'égard de Canal Hôtel étaient très déficients et manquaient de cohérence.

Aucun système de caméras vidéo n'était en place à l'extérieur comme à l'intérieur du périmètre de sécurité du bâtiment. Ce qui nous a privé ipso facto des images des auteurs de l'attentat.

En cas d'incendie ou d'une évacuation rapide du bâtiment, aucun responsable de secteur n'était désigné. Les systèmes d'alarme incendies étaient défectueux. Il y avait énormément de négligence de la part des responsables onusiens. Ces responsables étaient aveuglés par la conviction que le personnel et les installations des Nations Unies ne seraient pas la cible d'une attaque, malgré des mises en garde explicites qui allaient dans le sens contraire. Car les bulletins d'actualités sur la sécurité qui ont été établis et diffusés entre le 23 mai et le 19 août montraient que les conditions s'étaient détériorées durant cette période.

Pourquoi les vitres du bâtiment n'étaient-elles pas équipées de film protecteur qui permet d'éviter, en cas d'explosion la projection de débris de verre ? Les responsables dans ce domaine ont fait preuve d'une grave incurie et d'ineptie dans leur façon de procéder concernant la protection des biens et des personnes.

Tout le monde savait que les conditions de sécurité se détérioraient à Badgad. Aucune mesure corrective n'a été entreprise pour renforcer les mesures de sécurité.

Les réactions de la part de ces responsables, sachant que l'insécurité augmentait, dénotent d'une déplorable léthargie et d'une grossière négligence de leur part.

Concernant l'équipement du groupe de la protection rapprochée de M. Vieira de Mello, il s'avère que peu de personnes se souciaient de ce problème. Quand nous avons commandé sept fusils d'assaut MP 5 pour pouvoir répondre à une attaque ou une embuscade, cinq de ces fusils sont arrivés sans percuteur.

La formation du personnel travaillant en milieu hostile était inexistante. Chaque fonctionnaire devrait avant chaque départ en mission dite « mission à risques » suivre une formation spécifique dans ce domaine.

Les audits écoutaient, prenaient des notes. Je sentais que leur mission allait faire changer certaines donnes et que des sanctions disciplinaires seraient prises contre les personnes ayant commis un certain laisser-aller dans les bases élémentaires de sécurité.

* * *

Nous devions faire face à différents problèmes. Celui de notre chef et celui des assurances. Concernant les vêtements que nous avions perdus là-bas, cela a été rapide. Concernant les 50% des aiguës au sujet de l'audition que j'avais perdus lors de l'explosion, cela n'a pas été reconnu. Ni Romain d'ailleurs, avec son traumatisme crânien et les quelques blessures au thorax qu'il avait eues. Ils nous ont même demandé de prouver avec des justificatifs que nous étions bien à Bagdad pendant cette période.

Je savais, par le biais de l'ambassade de France à Genève, que deux Légions d'Honneur allaient être données à titre posthume.

L'une à Jean Selim et l'autre à Sergio.

Romain et moi étions très contents que l'Etat français soit reconnaissant vis-à-vis d'eux.

* * *

La psychologue venait d'appeler à la maison pour prendre de mes nouvelles. J'avais envie de la voir pour pouvoir parler de tout ce qui se passait dans ma vie. Il fallait que je gère mon stress traumatique. J'aimais lui parler de mes sentiments de culpabilité, d'anxiété, de tristesse et d'affliction.

Elle me dit : « Vous êtes sous stress émotionnel et le fait d'en parler, cela vous soulage. Parlez de votre expérience et de vos sentiments avec des personnes de confiance. Et si vous ne trouvez personne à qui parler, venez me voir ou écrivez un livre. »

Je lui parlais également des nuits assez mouvementées où je ne pouvais pas résister aux images récurrentes. Je me voyais refaire le trajet sous les décombres pour voir si je n'avais pas fait d'erreur. Je lui disais que c'était comme à la télévision, sauf que je n'avais pas la télécommande pour arrêter les images. Les cauchemars, les maux de tête, les douleurs le long de ma colonne vertébrale étaient constants. Les troubles de sommeil étaient de plus en plus fréquents.

Un livre, voilà une idée pour extérioriser le traumatisme causé par cet attentat ainsi que les agressions de mon chef.

C'était décidé, j'allais devenir pendant quelques mois un écrivain racontant son histoire.

Les mois passèrent et toujours rien au niveau de notre promotion. Romain était toujours payé en avance de salaire et temporaire et moi toujours au même grade. Le Secrétaire Général n'allait pas tarder à revenir sur Genève. Romain et moi étions prêts pour aller le voir et lui parler de notre cas. Dans les couloirs de la sécurité, nos dossiers étaient passés du dessous de la pile au dessus. Les ordres avaient été donnés, nous devions impérativement passer avant l'arrivée du Secrétaire Général.

Certaines personnes ont dû faire des heures supplémentaires afin que cela se réalise.

Les courriers de félicitations n'arrêtaient pas d'arriver dans nos boîtes à lettres. Du Secrétaire Général en passant par notre Président M. Jacques Chirac. Nous étions, Romain et moi, contents de savoir que des personnalités pensaient à nous.

Le 1er avril 2004, Romain venait d'apprendre sa promotion après huit mois d'attente et de combat pour pouvoir accéder à un contrat à durée indéterminée.

Peu de temps après, j'ai reçu une lettre de l'Administration des Nations Unies m'indiquant que j'étais promu à compter du 1er mai 2004.

* * *

Deux ans après l'attentat du 19 août 2003, le combat continue et la vie reprend peu à peu le dessus. La blessure sera toujours présente et personne ne pourra jamais nous faire oublier ce que nous avons vécu. Avoir travaillé avec Sergio Vieira de Mello et son équipe a été pour moi une très belle expérience professionnelle et humaine. Les Nations Unies ont perdu un grand homme, un homme d'exception qui savait aussi bien parler à des hommes d'Etat qu'au plus bas de la classe sociale.

C'était une idole pour les jeunes, un modèle de réussite. Beaucoup le voyaient comme le futur Secrétaire Général des Nations Unies.

Il a terminé sa carrière comme il l'a toujours fait,
sur un terrain miné. Il parlait comme un oracle,
il était juste avant d'être généreux.

Pour Sergio, et pour ceux qui sont partis pour cette longue mission !

Adieu !

Oui, adieu sur terre mais pas dans nos cœurs.
Nous savons que les étoiles vont vous guider sur
le chemin du paradis.
Le destin vous a pris
dans ce terrible attentat du 19 août 2003.
Nous avons mal, vous nous manquez !
Nous avons envie de hurler : pourquoi ?
Telle est la question qui nous torture.
Nous devons accepter et continuer le chemin de la vie.
Pour vous nous allons y arriver.
Fièrement et sincèrement.
Nous le savons, vous le savez.
Prenez soin de vous, un jour nous nous reverrons.
On vous aime tant.

*Romain, Alain, Gabriel*

Comment voir l'avenir après un tel drame ? Cet événement peut-il changer un être humain, sa personnalité, sa philosophie?

Je pense que ce sont plutôt les longs processus qui provoquent le changement. Au contraire, les événements choc ne font que nous pousser dans nos retranchements. En effet, une personne dont le cauchemar s'est réalisé en sortira simplement un peu plus angoissée encore et, malheureusement, ne se métamorphosera pas soudain en bouddha impassible.

La réalité de la vie nous sert à prouver que nous avons raison.

Par exemple, une victime d'attentat se servira de sa propre expérience pour démontrer que nous n'avons pas de partenaire pour la paix et que le terrorisme continuera éternellement.

Mais une chose est sûre, nous devons faire tout ce qui est en notre pouvoir pour arriver à stopper ce fléau.

Pourtant, je m'obstine à voir dans ce drame, qui a coûté la vie à 22 personnes et en a blessé 127, une sorte d'accident mystérieux, comme si je marchais dans la rue et que la foudre m'était soudain tombée dessus. Pour moi, cette image est plus supportable. Je n'éprouve pas de haine à l'égard de ceux qui l'ont prémédité, pas d'envie de vengeance non plus, juste une profonde tristesse.

Nul besoin d'avoir connu un attentat pour pleurer sur son destin en ce bas monde ; et pourtant, depuis le 19 août 2003, je ressens avec plus d'acuité encore la tragédie qui déchire cette partie du monde, l'impuissance de ceux qui veulent vivre en paix, qui prient pour que l'on trouve enfin une solution à ce conflit.

Et nous, les victimes, comment vivre, survivre après un tel drame ?

Ne plus penser à la mort, cela est possible, ne plus penser à cet attentat, cela est impossible. Il faut vivre avec chaque jour, chaque heure, chaque minute, chaque seconde de notre vie.

Comment faire quand on a des images qui défilent continuellement dans sa propre tête ? Ce n'est pas comme la télévision, personne n'a de télécommande pour arrêter ou faire une pause.

Appeler à l'aide, mais qui ?

Ma chance, c'est d'avoir une femme extraordinaire. La plus belle chose qu'elle m'ait apprise, c'est d'aimer la vie. Un jour, je lui ai avoué et demandé si ma vie avait un but, un sens après cet attentat. Elle m'a parlé et «réveillé». Elle m'a montré que la vie était belle. Elle m'a aussi montré qu'il y a des gens de mon entourage qui sont là pour m'aider. Qu'il y a des personnes pour qui je suis important, mais je ne m'en rendais plus compte… Jusqu'au jour où elle m'a ouvert les yeux.

Vive ce jour !

Elle m'a appris la beauté de la vie, à quel point il faut la vivre pour apprendre à surmonter cet obstacle qui était sur ma route. Car il faut que je sois fort, de plus en plus solide, pour pouvoir tout affronter.

Eh! oui, je sentais que je devenais de plus en plus fort. La meilleure psychologue et le moteur de ma vie, c'était elle ! C'était également mes enfants ; eux aussi voulaient retrouver leur papa d'avant.

Maintenant, à la maison, mon arme a été neutralisée à jamais. Elle sert de décoration au-dessus de ma cheminée et, de temps en temps, je la regarde avec une pensée en tête… Et dire qu'elle aurait pu prendre ma vie en quelques secondes, d'un geste, d'une action stupide et irréfléchie.

Maintenant, dans ma vie professionnelle, je relativise les choses. Le bien-être de retrouver ses collègues, ses amis, mais aussi le mal d'avoir retrouvé la jalousie, un certain harcèlement, des insultes. Tout cela à cause d'une forme d'héroïsme que vous n'avez pas cherché mais qu'on vous a donné par hasard.

Aucun collègue ne peut comprendre la torture mentale subie jour et nuit, sauf ceux qui ont vécu cette terrible tragédie. Il est difficile de se reconstruire, d'une part dans la vie professionnelle, d'autre part dans la vie privée.

Ils doivent savoir que leur conduite abusive, que ce soit par des gestes, des paroles, des comportements, ou des attitudes, porte atteinte à la dignité et à l'intégrité psychique ou physique et met en danger ; de plus, cela dégrade le climat de travail.

Sergio !
Je finis mon livre en te disant :
Pour toi la politesse, c'était le respect d'autrui.
Pour toi le courage, c'était faire ce qui est juste.
Pour toi l'amitié, c'était le plus sûr des sentiments.
Pour toi le contrôle de soi, c'était savoir se taire
lorsque monte la colère.
Pour toi la modestie, c'était de parler de soi-même
sans orgueil.
Pour toi l'honneur, c'était d'être fidèle à la parole donnée.
Pour toi, sans respect, aucune confiance ne peut naître.

*Gabriel*

*Au Palais Wilson les fonctionnaires des Droits de l'homme peuvent signer le livre d'or. En permanence pendant la journée les fonctionnaires veillent à côté de son portrait.*

Ce Livre, écrit par Gabriel Pichon, n'est pas un livre politique mais son histoire qui a manqué de lui coûter la vie pendant et après sa mission à Bagdad le 19 août 2003. Cet attentat, qui a coûté la vie à 22 personnes et qui a fait 127 blessés, a choqué la communauté internationale toute entière.

Pour lui, le fait de raconter sa douleur a été une thérapie de la seconde chance. Il raconte comment, de sa carrière militaire en tant que parachutiste, il travailla dans la protection rapprochée de V.I.P et termina dans le service de sécurité des Nations Unies en tant que Responsable de la Sécurité des Droits de l'homme à Genève .

Sa femme, ses enfants ainsi que la présence de quelques amis lui ont permis de ne pas sombrer. Il est bon d'écrire de se parler à soi-même par le biais de l'écriture. Car la parole est la pensée extérieure et la pensée est la parole intérieure.

Pendant 2 ans, il a écrit pour guérir, pour se libérer de ce fardeau, de ce syndrome du survivant qui l'obsédait.

Maintenant, il voit sa vie privée basée sur l'amour de ses proches et sa vie professionnelle sur le chemin de la tolérance en consacrant un engagement encore plus fort pour les vraies valeurs des Nations Unies.